AF277695

Isla de
Tenerife

ANAYA
TOURING

Textos: Mario Hernández Bueno, Carlos de Hita, Ferran Eulàlia, José Luis Morales, Xavier Martínez i Edo, Silvia Roba y David Cabrera. Responsable editorial: **Esther García González.** Edición y actualización: **Isabel Jiménez.** Equipo técnico: **David Lozano** y **Susana Folgado.** Producción: **J. J. Rodríguez, O. Hernando** y **A. Mellado.** Cartografía: **ANAYA Touring.** Diseño tipográfico y de cubierta: **marivies**

Fotografías: Anaya: Lezama, D.: 46 a, b. **Dreamstime:** Alexpolo: 98 b; **Ariwasabi:** 29 a; **Blunker:** 29 c; **Bondar, Viktor:** 13 b; **Bortnikau, Andrei:** 28 b; **Carloscastilla:** 58 c; **Ceglarek, Przemyslaw:** 23; **Damke, Henner:** 2, 22; **Dorinmarius:** 20-21, 36-37; **Dudlajzov:** 81; **Elenatur:** 8-9; **Freesurf69:** 76; **Grotelueschen, Gerold:** 74-75; **Inavanhateren:** 98 a; **Jegorovs, Valerijs:** 13 a; **Ladyligeia:** 14; **Morozov, Yury:** 68; **Neirfy:** 25, 69; **Roussien:** 15; **Sergiomonti:** 58 b; **Istockphoto:** Addictive Stock: 28 a; **Allard1:** 65 a; **Anita_Bonita:** 90; **Betelgejze:** 26-27; **Elenasfotos:** cabecera 10 indispensables; **EP-stock:** 6-7; **Gaspari, Orietta:** 29 b; **imv:** 86; **MG Photography:** 48-49; **MikeMareen:** cabecera Excursiones; **only_fabrizio:** 79; **Vallenari, Flavio:** 83; **vasantytf:** 97; **We-Ge:** 44; **Workman, Michael:** 42-43, 85; **Shutterstock:** Algar, Ricardo: 34-35; **Balate, Cristian M:** 50-51; **Balate.Dorin:** 60-61, 92-93; **canadastock:** 88-89; **castilla, carlos:** 18-19; **Castillo, Ana del:** 58 a; **DaLiu:** 33, 77; **dba87:** 63; **Dzivinskyi, Iurii:** 73, 110; **Josemichinea:** cabecera Dónde; **leoks:** 65 b; **linorossi:** 64; **McUbed, Joe:** 105 a; **Mistervlad:** 16-17; **Moswitzer, Christopher:** 54; **Nass, C.:** 105 b; **Only Fabrizio:** 32; **Raycocar:** 94; **Rosa, Luciano de la:** 120 a y b; **RossHelen:** 10-11; **Serjunco:** 109, 111; **Sigaev, Roman:** 40; **Todorovic, Aleksandar:** 66-67; **trabantos:** cabecera Visita, 46 c; **Workman, Mike:** 30-31; **Zdenek Matyas Photography:** 84.

5ª edición: febrero 2025

© Grupo Anaya, S. A., 2025
  Valentín Beato, 21.
  28037 Madrid

Depósito legal: M-24930-2024
ISBN: 978-84-9158-872-6
Impreso en España-Printed in Spain

PAPEL DE FIBRA CERTIFICADO

Planificación del viaje

En función del tiempo del que se disponga, puede conseguirse el máximo provecho a la estancia siguiendo las sugerencias siguientes:

Una semana. Se puede visitar la ciudad de Santa Cruz de Tenerife siguiendo el recorrido urbano propuesto. Elija, de entre las tres excursiones de la guía, las que le resulten más atractivas, aunque tendrá tiempo para realizarlas todas si lo desea. Para comer, siga los consejos de las secciones **Gastronomía** y **Restaurantes.** Para cualquier otra actividad puede consultar el apartado **Dónde...,** en el que se incluye información de carácter general sobre fiestas, compras, deportes, alojamientos...

Fin de semana... Visite Santa Cruz de Tenerife y seleccione **una excursión,** entre las tres que se proponen, a algún punto de la isla. Para comer o cenar se recomienda consultar la lista de establecimientos que aparece entre las páginas 97 y 104.

Clasificación por estrellas

La mayoría de los lugares descritos en el libro se han clasificado por su grado de interés como sigue:

✳✳   Visita obligada
✳   Interesante

SÍMBOLOS UTILIZADOS

A lo largo de la guía se han utilizado símbolos sencillos y claros para indicar las siguientes categorías:

- 🛈 información práctica
- ◎ referencia a los planos
- ✉ dirección o localización
- ☎ número de teléfono
- 🌐 página web
- 🕐 horario
- 💶 precio
- ⓘ información de interés

SIGNOS CONVENCIONALES EN LOS PLANOS

- ▦ Edificios de interés turístico
- ▦ Parques y jardines
- 🛈 Información turística
- ▬ Tranvía
- ▦ Vías rápidas
- ▦ Calles peatonales
- 🅿 Aparcamientos

Isla de
Tenerife

Alojamientos

Información práctica

Parque Nacional del Teide

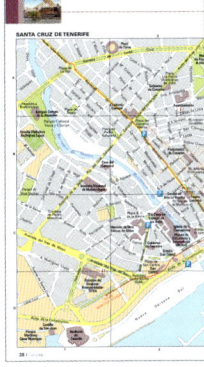

SANTA CRUZ DE TENERIFE

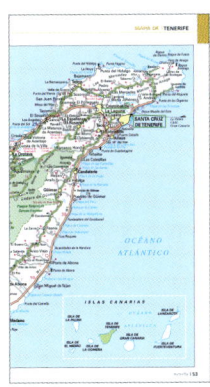

Cómo usar esta guía

Antes del viaje

Se sugiere la lectura de la sección **Diez indispensables** (de la página 7 a la 29), con artículos sobre la historia, el arte, la naturaleza y las gentes de Tenerife.

Para quienes opinan que la **gastronomía** es uno de los atractivos del viaje, la sección del mismo nombre (de la página 94 a la 98) ofrece una visión bastante completa de aquellas especialidades tinerfeñas que pueden despertar la curiosidad del viajero.

Durante el viaje

En el apartado titulado **Visita a Santa Cruz de Tenerife** (de la página 31 a la 49) se describe la ciudad a través de un exhaustivo itinerario urbano. El **plano** que aparece en las páginas 38-39 puede ser de gran utilidad para realizar desplazamientos por la ciudad.

Bajo el epígrafe **Excursiones por la isla de Tenerife** (de la página 51 a la 91) se ofrecen cuatro excursiones de un día, que son otras tantas alternativas para visitar aquellas zonas que tienen un singular valor histórico, paisajístico o monumental.

La hora de comer (y cenar)

Dentro del capítulo titulado **Dónde** se incluye una amplia selección de **restaurantes** ordenados por localidades, calidades y precios. En esta misma sección se facilita también información sobre un buen número de recursos turísticos y actividades con las que ocupar el tiempo libre, que van desde las fiestas de las principales localidades, a otras como alojamientos, vida nocturna, compras...

Use los índices

Finalmente se ha elaborado un **índice de lugares** de interés que permite localizar con facilidad las páginas en las que hay alguna información de utilidad sobre los mismos.

Contenido

10
Lugares
indispensables

Parque Nacional del Teide

1

El Teide, la montaña de *Cheide* de los guanches, ejerce su poder sobre las algo más de 19.000 hectáreas del Parque Nacional del Teide y, en realidad, sobre toda la isla de Tenerife.

En sus tiempos, los aborígenes estaban convencidos de que en su cima habitaba algún malvado demonio que cada vez que se enojaba soltaba una gran bocanada de fuego por sus fauces. Hoy en día, unos dos millones de turistas al año acuden hasta aquí provenientes de cualquier rincón del mundo con un único fin: estar cerca de él.

El Parque Nacional del Teide está comunicado con las distintas zonas de la isla a través de cuatro vías de acceso: por el norte, la carretera TF 21 de La Orotava a Las Cañadas (Portillo de la Villa; 33 km); por el este, la carretera dorsal TF 24, que parte de La Laguna hasta El Portillo de la Villa (43 km); por el sur, la carretera TF 21 desde Vilaflor a Las Cañadas (Boca de Tauce; 16 km); y por el oeste, la carretera TF 38 de Chío a Las Cañadas (Boca de Tauce; 30 km). Cada uno de los accesos existentes ofrece posibilidades paisajísticas distintas, y todos ellos se encuentran interconectados por la carretera de circunvalación a la isla de Tenerife (TF 1 y TF 6).

Info

Oficina administrativa del Parque Nacional. Centro de Visitantes Telesforo Bravo

- Doctor Sixto Perera González, 25. El Mayorazgo (La Orotava).
- 922 922 371.
- www.webtenerife.com www.miteco.gob.es
- De lunes a viernes de 9 h a 14 h.

Cuenta con dos centros de visitantes, el de El Portillo de la Villa, en el km 32,1 de la carretera TF 21; y el de Cañada Blanca (inaugurado en 2022), en el km 46,5 de la carretera TF 21. Para ascender a pie hasta el pico del Teide se necesita un permiso obtenido previamente en la oficina del parque en Santa Cruz de Tenerife.

Existen muchas formas de disfrutar del Teide, tanto si se llega hasta la cima como si no. La subida en teleférico hasta la estación central, a más de 3.500 m de altitud, pasando por el corredor de la Corbata, no es apta para aquellos que sufren de vértigo, aunque bien vale la pena. Desde la estación del teleférico las vistas son fascinantes. A lo lejos, grandes extensiones de bosques de pino canario y, mucho más cerca, un paraje desértico, con todas las gamas imaginables de ocres y grises, salpicadas por coladas de lava procedentes de las últimas erupciones del volcán.

Más tranquilo resulta un paseo por los roques de García o una visita a El Portillo, con un pequeño jardín botánico desde el que se contempla una panorámica única: el Teide, la Montaña Blanca y el Pico Viejo, deslumbrantes entre destellos de colores, reflejos de la retama, el tajinaste, la piedra basáltica.

Info

Centro de Visitantes El Portillo
- Ctra. TF 21, km 32,1 (muy cerca del cruce de El Portillo). El Portillo de la Villa.
- 922 922 371.
- Todos los días de 9 h a 16 h.
- Jardín Botánico anexo al centro creado para exponer y reproducir la flora autóctona de los pisos bioclimáticos supra y oromediterráneo de este territorio.

Centro de Visitantes de Cañada Blanca
- Parador de Turismo de Las Cañadas. Ctra. TF 21, km 46,5.
- 922 922 371.

Teleférico del Teide
- Parque Nacional del Teide.
- 922 010 440.
- www.volcanoteide.com
- De 9 h a 16/17.40 h subidas. De 9 h a 16.50/18.30 h bajadas.
- Adultos: 41 €; niños: 20,50 €.
- Trayecto de 8 minutos sobre volcanes, cráteres y ríos de lava.

Refugio de Altavista
- Parque Nacional del Teide.
- www.volcanoteide.com
- Cerrado temporalmente.
- A 3.260 m de altitud. Habitaciones colectivas. Estancia limitada a una noche. El lugar donde pasar la noche si se quiere ascender al pico del Teide a ver amanecer. Unas vistas espectaculares.

◄ Parque Nacional del Teide.

Santa Cruz de Tenerife

2

Es la capital cosmopolita de la isla de Tenerife, recostada a la sombra de sus parques y jardines, de sus ramblas, de sus playas. Una ciudad con historia.

Situada en el extremo noreste, Santa Cruz de Tenerife es sin duda la ciudad más importante de la isla, la capital. Fue fundada en el año 1496 por el adelantado don Alonso Fernández de Lugo, que eligió para su nacimiento un lugar agradable, resguardado por el macizo montañoso de Anaga. Hoy en día Santa Cruz respira un cierto aire cosmopolita que se expande entre jardines y parques, ramblas y plazas, como la de España, punto de partida de cualquier itinerario turístico. Esta plaza es el centro neurálgico de la ciudad, abarrotado, sobre todo, en época de Carnaval. La animación sin límites también se deja sentir en la plaza de la Candelaria, repleta

▼ Vista de Santa Cruz de Tenerife.

siempre de terrazas donde dar buena cuenta de la muy variada gastronomía local.

El palacio de Carta, el Museo de Bellas Artes y los edificios del TEA (Tenerife Espacio de las Artes) y del Auditorio de Santiago Calatrava son los principales monumentos de Santa Cruz, que encuentra en el parque municipal García Sanabria su máxima expresión de "ciudad de belleza natural". Se trata de uno de los rincones más hermosos de la capital, perfecto para caminar sin prisas. En total, 60.000 m^2 donde lucen flamboyanes, acacias, cedros cubanos... Las plantas tropicales y las obras de Henry Moore, José María Subirachs y Miró, entre otros, proporcionan un toque íntimo, a pesar de que sea masivo punto de reunión de lugareños y forasteros.

Rodeada por macizos agrestes, Santa Cruz cuenta, además, con la idílica playa de las Teresitas, casi dos kilómetros de arena dorada –procedente del desierto del Sáhara– y palmeras para deleite de los veraneantes.

Info

Oficina de Turismo
- Palacio de Carta. Plaza de la Candelaria, 9.
- 615 153 351.
- De lunes a viernes de 9 h a 17 h, sábado y domingo de 9 h a 14 h.
- www.webtenerife.com www.elcorazondetenerife.com

Kiosco de información
- Zona alta del edificio Puerto Ciudad (entrada estación marítima).
- 922 892 903.
- Solo días de crucero, de 9 h a 11 h.
- www.webtenerife.com www.elcorazondetenerife.com

La Laguna

San Cristóbal de La Laguna, con un clima particularmente fresco y húmedo, es una de las ciudades más hermosas de Tenerife. Más allá de su cuidado centro histórico, con amplias zonas peatonales y magníficos caserones, conventos e iglesias (reconocido por la Unesco como Bien Cultural Patrimonio de Mundial), la ciudad ofrece también un apabullante ocio nocturno y abundantes actividades culturales.

3

Info

ℹ **Oficina de Turismo de La Laguna**

✉ Casa Alvarado Bracamonte (Capitanes Generales). Calle Carrera u Obispo Rey Redondo, 7

☎ 922 631 194.

🖥 https://turismo. aytolalaguna.es www.webtenerife.com

▶ Torre del Nuestra Señora de la Concepción.

Desde la apertura de la Universidad de San Fernando en el siglo XVIII, La Laguna se ha consolidado como uno de los principales centros de la intelectualidad insular. Espíritu que continúa vivo gracias a la labor, entre otros, del Ateneo de La Laguna, el Teatro Leal y museos como el de la Fundación Cristiano de Vera, el Museo de Tenerife de Historia y Antropología (MHA) o el Cabrera Pinto. Y de un tiempo a esta parte con modernas propuestas culturales como las del Espacio Aguerecultural. Sin olvidar la aportación de los universitarios a la vibrante noche de la ciudad, con multitud de bares y locales como los de la zona de copas conocida como El Cuadrilátero.

Su historia le confiere, además, un gran valor simbólico. Está situada en la zona denominada Aguere por los guanches, parte del reino o Menceyato de Tegueste, llamado así por los menceyes o reyes aborígenes. Aquí tuvo lugar la última y decisiva batalla de la conquista de la isla, entre las tropas castellanas a cargo de don Alonso Fernández de Lugo y los aborígenes del mencey Bencomo y su hermano Tinguaro el día de San Cristóbal, de donde toma su nombre, de 1496.

Para conocer su historia solo hay que recorrer las calles de la ciudad. El casco antiguo ofrece un paseo muy agradable, por calles peatonales, entre antiguos caserones, bares, comercios, terrazas, museos, restaurantes, salas de exposiciones, etc.

Para hacerlo hay que visitar sus dos núcleos principales. El primero se erigió alrededor del templo de Nuestra Señora de la Concepción, la iglesia parroquial más antigua de Tenerife. Cuenta con ricos artesonados en su interior y la pila bautismal con la que bautizaron a los guanches derrotados. Su elemento más llamativo es la torre de finales del siglo XVII, icono de la ciudad, a la que se puede subir para otear el horizonte. Alrededor de la parroquia

▶ Calle peatonal, con Nuestra Señora de la Concepción a un lado.

se levantó un pequeño caserío denominado Villa Veccia o Villa Arriba, de trazado irregular y del que ya solo quedan unas pocas calles aledañas a Marqués de Celada.

La Villa de Abajo, el segundo núcleo, se encuentra hacia el sur y el este, con la plaza del Adelantado como centro y antiguo núcleo del poder real de la ciudad. Aquí estableció don Alonso Fernández de Lugo su residencia y el gobierno de la ciudad. Se erigió al modo castellano, con una plaza mayor en torno a la que se establecieron las casas del Adelantado, de Justicia y Gobierno de la isla. Esta zona está construida mediante conceptos renacentistas, utilizando fórmulas matemáticas y utensilios de navegación. De trazado rectilíneo, paralelo y en retícula, con calles rectas que constituyen manzanas, es el primer ejemplo de ciudad no fortificada o "ciudad de paz", modelo que posteriormente se exportará a las ciudades americanas. Esta zona cuenta con importantes edificaciones civiles y religiosas, imponentes fachadas de piedra y decorativas puertas y ventanas, así como calles transversales y estrechas como la de Tabares de Cala o la de San Juan, con casonas esquineras y sus características puertas de doble hoja para el paso de los carros. Por la antigua calle Carrera, actual Obispo Rey Redondo, se llega a

▲ Patio de una casa colonial en La Laguna.

la catedral de Nuestra Señora de los Remedios, que conserva su fachada principal original de estilo neoclásico. Las calles reales de San Agustín, Anchieta, y Nava y Grimón dan muestra de la monumentalidad de La Laguna en las fantásticas portadas de palacetes, casonas y casas armeras de las principales familias de la ciudad. Por la calle Viana en dirección al mercado y la plaza de San Francisco, a la derecha encontramos el convento de las Clarisas. Y en la calle San Agustín, antigua calle Real, el palacio Salazar (hoy Episcopal), de 1664, con una de las mejores fachadas civiles de Canarias, lo único que se salvó del incendio que lo devastó por completo en 2006.

Pero no todo son iglesias, conventos y caserones, la ciudad también ofrece al visitante lugares muy bonitos y tranquilos como el parque de la Constitución, con una zona infantil y un pequeño quiosco, junto a Quintín Benito, y el magnífico paseo del Camino Largo, con altísimas palmeras. Y muchos bares y restaurantes donde comer o picar algo, desde la plaza de la Concepción a su contigua plaza del Doctor Olivera y el resto del centro histórico. Y museos de obligada visita como el de Historia de Tenerife (en la calle San Agustín), el Santa Clara de Arte Sacro (en Viana) o la Fundación Cristino de Vera, dependiente de CajaCanarias, de arte contemporáneo.

La Laguna está, además, perfectamente comunicada con Santa Cruz por un moderno sistema de tranvías, dando la impresión de que ambas ciudades forman parte de un mismo conjunto urbano.

La Orotava

Asomada en su baranda, una de las ciudades más antiguas de Tenerife revive su pasado en cada rincón, en cada casa de cimientos nobles, en cada tapiz de flores que cubrirá su suelo durante las fiestas del Corpus Christi.

4

Situada sobre un inmenso valle cultivado con plataneras y sin perder de vista al Teide, la villa con más abolengo de Tenerife rezuma historia. Calles empedradas, antiguas casonas, molinos de agua... El paisaje es verde y una ligera brisa llegada de las montañas le imprime un cierto aire de tranquilidad. La zona norte de la isla poco o nada tiene que ver con el concurrido sur. Y La Orotava, una pequeña villa enclavada en el valle del mismo nombre, es su mejor exponente. Apenas hay turistas. No hay rastro de hoteles de lujo ni de *resorts* todo incluido. El Tenerife más auténtico late por sus callejas y se asoma a sus balcones de madera en espera de que alguien, como un día hiciera Humboldt, el geólogo alemán, se rinda a la evidencia y reconozca que la

Info

🛈 **Oficina de Turismo de La Orotava**
✉ Carrera Escultor Estévez, 5.
☏ 922 323 041.
🌐 www.laorotava.es

▼ Calle de La Orotava.

▲ Vista del casco antiguo de La Orotava desde el Jardín Victoria.

antigua *Arantópala* de los guanches continúa siendo "uno de los parajes más bellos del mundo".

La Orotava es una de las villas más antiguas de la isla de Tenerife. Su título le fue cocedido allá por 1648 cuando logró la independencia tras separarse del Cabildo de La Laguna. Su trazado irregular marcó ya entonces una división, quedando la zona alta para la plebe y la de abajo para la nobleza. Durante los siglos XVII y XVIII, el auge del vino canario enriqueció a numerosas familias que embellecieron la villa con la contrucción de nobles casas y otros edificios. De ahí que el casco viejo esté considerado Monumento de Interés Histórico Artístico Nacional.

El mejor punto para comenzar una visita y dejarse llevar por esa parsimonia casi bendita que desprende este rincón canario es la iglesia de la Concepción, una de las mejores muestras barrocas del archipiélago, declarada Monumento Nacional. Fue construida en 1768 sobre los restos de otra iglesia que sucumbió a la erupción del volcán de Güímar en 1705, por iniciativa de los indianos canarios de Camagüey, emigrantes orotavenses que vivían en Cuba como expertos en la elaboración de azúcares, ron y cultivos cafetaleros. Los leones que vigilan la entrada no están ahí por casualidad. Uno, el de las fauces abiertas, representa a la isla caribeña; el otro, con pinta de escasa fiereza, a la lánguida Tenerife. Las casas señoriales se suceden a un lado y a otro de las empinadas calles que surgen en las inmediaciones de la iglesia. Todas parecen cortadas por el mismo patrón: un patio y tres plantas, una para la servidumbre, otra para los señores y una más que servía de granero.

Al llegar a la plaza del Ayuntamiento la calma se hace densa, aunque no siempre es así. Llega la fiesta del Corpus Christi y cambia de aspecto y color. Los suelos se cubren de tapices de flores que pueden llegar a alcanzar superficies de hasta 3.000 m^2. La primera alfombra la realizó doña Leonor del Castillo de Monteverde, quien compuso una con mucha destreza delante de su palacio para recibir a la procesión. Desde entonces la técnica se ha depurado e incluso hay abierto un museo alusivo: el Centro de Arte Efímero de las Alfombras de La Orotava.

Justo a espaldas del Ayuntamiento abre sus puertas la Hijuela del Botánico, un jardín de aclimatación donde pueden verse especies de lo más exóticas, sin olvidarnos del emblemático drago, que integra una interesante ruta de los dragos junto a los del paseo Domínguez Alfonso y la plaza de San Francisco, entre otros. Otro espectacular jardín es el Victoria o del Marquesado de la Quinta Roja, con el mausoleo trazado por el arquitecto masón Adolphe Coquet.

Las cumbres de La Orotava han recibido la certificación Starlight: hay diversos miradores en su término municipal para la práctica del astroturismo.

Puerto de la Cruz

5

Desde el Jardín Botánico hasta el Lago Martiánez, rubricado por César Manrique, cualquier recorrido por El Puerto desborda alegría. Incluso Agatha Christie encontró aquí la inspiración.

El Puerto de la Cruz, en el valle del mismo nombre, forma parte del llamado Jardín del Teide, que se extiende desde las faldas mismas del volcán hasta la costa, de innegable sabor marinero. Declarado lugar de Interés Turístico en los años cincuenta del siglo xx, el Puerto de la Cruz es el municipio más pequeño de Tenerife, pero no por ello carente de vida. Abierta al mar a través de impactantes acantilados, la villa ha sabido impregnarse de tintes cosmopolitas sin olvidar sus costumbres más arraigadas. Su principal atractivo lo constituye el Lago Martiánez, junto a la playa, obra del lanzaroteño César Manrique, que se sacó de su chistera divina un complejo de más de 13.000 m² repletos de lagos artificiales, fuentes, es-

▶ Puerto de la Cruz, con Playa Jardín en primer término.

culturas y cascadas. Un regalo del genial arquitecto que se transforma en epicentro de la vida nocturna en cuanto el sol se esconde. La plaza del Charco es, sin embargo, centro neurálgico por las mañanas, cuando los vecinos se funden en conversaciones espontáneas bajo los laureles de Indias. Los que busquen monumentos de interés los encontrarán sin dificultad. Ahí está la ermita de San Telmo, de 1780, construida en honor al patrón de los marineros, la iglesia de Nuestra Señora de Francia, con esa piropeada Virgen del Carmen cada vez que sale en procesión, o la casa Miranda, del siglo XVII.

Por tener, el Puerto de la Cruz tiene hasta un castillo, el de San Felipe, también del siglo XVII, desde donde se vigilaba la costa. El Jardín Botánico, el parque Taoro, Playa Jardín (también obra de César Manrique) y el mirador de la Paz, al que Agatha Christie se asomó en las páginas de *El enigmático Mr. Quin,* son puntos de obligada visita. El Loro Parque, un zoológico con múltiples variedades de plantas, flores exóticas y la mayor colección de papagayos del mundo, es otro de los alicientes de la localidad.

Info

**Oficina del Cabildo
(La Casa de la Aduana)**
✉ Las Lonjas, s/n.
☎ 922 386 000.
🖥 http://visitpuertodelacruz.es

**Centro de Iniciativas
y Turismo**
✉ Puerto Viejo, 13
☎ 922 388 777.
🖥 https://citpuertodelacruz.com

Garachico

6

La villa y puerto de Garachico es uno de los núcleos históricos más importantes de Tenerife. Capital del municipio del mismo nombre, se trata de un encantador pueblo a orillas del mar, en la costa norte de la isla, que cuenta con un pequeño puerto pesquero, bonitas piscinas naturales y una recogida playa de arena negra. Y, además, un rico patrimonio histórico-artístico excelentemente conservado, así como magníficos hoteles y restaurantes.

El especial cuidado que se ha tenido en su conservación y el respeto a su legado, convierten a Garachico en una valiosa muestra del urbanismo y la arquitectura tradicional del archipiélago. Su trama urbana ha sido declarada Bien de Interés Cultural con categoría de Conjunto Histórico. Este primoroso cuidado de su patrimonio se debe, en parte, a que la villa ha sufrido a lo largo de su historia incontables catástrofes naturales. Desde los embates de la furia

▼ Vista de Garachico.

del mar en 1559 a la epidemia de peste entre 1601 y 1606, pasando por el aluvión de 1645 o la plaga de langosta en 1659 y los graves incendios en 1692 y 1697. Pero, muy especialmente, la violenta erupción el 5 de mayo de 1706 del volcán Montaña Roja, situado a su espalda, que sepultó buena parte de la villa bajo la lava y que acabó con su importancia portuaria. Algo que marcó, sin duda, a sus habitantes y descendientes.

Su origen se remonta a finales del siglo xv, cuando fue fundada por el banquero genovés Cristóbal de Ponte, al que se le presumen vínculos familiares con Simón de Bolívar, de ahí la presencia de una estatua del Libertador americano en la plaza de la Libertad, donde encontramos también un bonito templete de 1912 con un agradable quiosco, lugar ideal para tomarse un café en el corazón de la villa. Frente a la plaza se levanta la casa palacio de los Condes de la Gomera, de 1666, también conocida como casa de Piedra, superviviente de la erupción de 1706. Y a su lado, la preciosa iglesia de Santa Ana, de 1520, reedificada tras la catástrofe.

Info

Oficina de Turismo de Garachico
✉ Avda. República de Venezuela, s/n.
☎ 922 133 461.
🌐 http://turismo.garachico.es

▲ Casco antiguo de Garachico.

Su época dorada fue durante los siglos XVI y XVII, en los que gracias al auge portuario se produjo su desarrollo urbano, con el trazado de sus calles y plazas y la construcción de edificios. A finales del siglo XVII ya existían dos iglesias, un hospital, un castillo, cinco conventos, varias ermitas y ricas casonas.

En la actualidad, uno de sus principales atractivos turísticos son las piscinas naturales del Caletón, así como el vecino castillo de San Miguel, de 1575, con plaza de armas y puerta blasonada. También, junto al mar, se encuentra la ermita de San Roque, y paralela a la Avenida Marítima, la casa de los Ponte, en la calle Esteban Ponte, uno de los mejores ejemplos de arquitectura civil de Garachico. Muy cerca, descubrimos el convento de las Concepcionistas Franciscanas, con la imagen de Nuestra Señora de la Concepción, cuna de la afamada repostería local por las delicias que continúan elaborando las monjas. No hay que olvidar tampoco los bonitos jardines de la plaza Juan González de la Torre.

Garachico cuenta, además, con excelentes infraestructuras hoteleras y de restauración, que dan buena prueba de su exquisita gastronomía. Por su situación costera y portuaria es lugar de referencia para la degustación de pescados y mariscos. Son muy apreciadas sus lapas y las sabrosas viejas guisadas en su propio caldo. También gozan de merecida fama sus vinos, incluidos en la denominación de origen Ycoden-Daute-Isora.

Masca

Masca es uno de los enclaves más sorprendentes y fascinantes de Tenerife, un diminuto caserío tradicional encaramado sobre altísimos riscos, que se levanta humilde y desafiante sobre uno de los barrancos más profundos de la isla, que le da nombre. Una maravilla, recóndita y escondida, que muestra lo más impactante de la belleza natural de Tenerife y sus poblaciones rurales, solo comparable con algunos pueblos del norte de la isla de La Palma.

7

El sobrecogedor caserío de Masca es uno de los mejores ejemplos de la arquitectura rural de Tenerife. Situado en el interior del Parque Rural de Teno, en el municipio de Buenavista del Norte, este pintoresco pueblo, declarado recinto etnográfico y arquitectónico, pervive así gracias a las difíciles comunicaciones con las que contaba hasta hace bien poco. Antaño, la única vía de comunicación con el exterior eran los caminos rurales que unían El Palmar a Masca y este a Santiago del Teide. O el océano.

▼ Vista de Masca, en el Parque Rural de Teno.

Info

Oficina de Turismo de Buenavista del Norte
Casa Matula.
Plaza los Remedios, 2.
922 128 080.
https://buenavistadelnorte.travel

Parque Rural de Teno. Centro de Visitantes
Finca Los Pedregales. El Palmar (Buenavista del Norte).
922 447 970 / 4.
De lunes a domingo de 9.30 h a 16.30 h.

En la actualidad llegar hasta aquí sigue siendo una odisea y un viaje en sí mismo. Comenzando el trayecto por la sinuosa carretera de Buenavista del Norte en dirección a Santiago del Teide, se disfruta, vértigo mediante, de unas espectaculares vistas de barrancos y altísimas cumbres, con paisajes sorprendentes del valle de El Palmar y las montañas del macizo de Teno. La carretera TF 436 pasa por El Palmar y Las Portelas, antes de alcanzar el mirador de la Cruz de Hilda y llegar al caserío de Masca, un pueblito de casas de piedra situado en medio de impresionantes escarpes con unas vistas de otro mundo: las nubes resbalándose desde las cumbres, palmeras, pitas, gargantas de lava…, en lo que no cabe sino denominar como un excepcional y sorprendente enclave natural.

La más vieja de sus edificaciones es la casa de los Avinculados, en el Caserío de la Piedra. Su pequeña iglesia, del siglo XVIII, se encuentra en la plaza de Masca, junto al *Bar Restaurante La Piedra*. En esta zona se ha acondicionado una de las viviendas como museo y centro de artesanía. Es un buen lugar para degustar comida tradicional de la zona ya que encontraremos varios restaurantes.

Pero probablemente lo más llamativo del caserío sea el barranco de Masca, a cuyas laderas se aferra, y el sendero que lleva a la costa, uno de los más espectaculares de la isla. El acceso al barranco se cerró en febrero de 2018 debido a que un temporal destrozó la pasarela del embarcadero. Tras su reapertura, el Cabildo aplica una ecotasa para su acceso, que hay que reservar previamente, limitado a un máximo de 275 visitantes por día. Su descenso, de unas cuatro horas, es una experiencia única pero también agotadora. Con paisajes lunares, agreste vegetación, precipicios con cientos de metros de pendiente y un conjunto arqueológico con grabados rupestres en un roque utilizado como santuario aborigen. La senda va a morir al mar y a la playa de Masca. Las excursiones programadas terminan aquí, donde una embarcación recoge a los senderistas. De camino al Puerto de Santiago se realizan avistamiento de delfines y cetáceos, antes de llegar al espectacular acantilado de los Gigantes, en la costa suroccidental, enclave turístico en el que concluye la aventura.

Si no se desea bajar por el barranco y se prefiere seguir por la carretera TF 436, saliendo de Masca en dirección a Santiago del Teide encontramos un mirador en el alto de Cherfe, con una espectacular panorámica de toda la zona.

Playas de Tenerife

Tenerife cuenta con infinidad de playas, tanto de arena negra, especialmente en el norte de la isla, como *rubia,* sobre todo en el sur, exceptuando las Teresitas, con su arena blanca de origen saharaui. Varias de ellas ondean la Bandera Azul por la calidad de sus aguas. Estas son algunas de las más importantes ordenadas alfabéticamente por el nombre del municipio donde se encuentran.

Empezamos por Arona, en el sur de la isla, su zona más turística, donde encontramos *El Camisón,* con 120 m de aguas límpidas y arena fina; o *Las Vistas,* una de las más extensas, de fina arena blanca procedente de su fondo. Y, por supuesto, *Los Cristianos,* famosa por su extensión, 400 m, y por ser una de las pioneras en atraer a los turistas de los años sesenta en busca del sol perpetuo del sur de Tenerife. Más humilde es la de *Las Galletas,* en un pequeño barrio pesquero, pero mucho más auténtica y menos concurrida. Y por último, la playa de *Montaña Amarilla,* cerca de la Costa del Silencio y junto a la montaña que le da nombre.

En Buenavista del Norte descubrimos la impactante playa de *Masca,* valiosa por la dificultad que entraña llegar a su orilla, situada al final de un escarpado barranco tras un descenso de unas 3 horas. En Candelaria, la playa de *La Arena,* frente a la famosa basílica, amplia y de arena negra, pero de fuertes

▼ Playa de Benijo, una de las más bonitas de Tenerife.

corrientes. En Costa Adeje hay abundantes playas, ocho de ellas unidas por un bonito paseo litoral: la del *Duque*, de fina arena dorada; *La Caleta*, de piedras, en un pequeño enclave marinero con algunos afamados restaurantes de pescado, o *La Pinta*, de fina arena dorada y aguas tranquilas junto a Puerto Colón. Pero también la playa *Paraíso*, en un pequeño enclave turístico en dirección a los Gigantes; *La Enramada*, antigua playa de callaos en La Caleta de Adeje; *Torviscas* y *Fañabé*, vecinas entre sí. Y, por último, cabe destacar *Troya*, de fina arena dorada y aguas muy tranquilas y limpias.

Siguiendo por el sur, en Granadilla de Abona se abre al mar la famosa playa del *Médano*, la más extensa de la isla y frecuentada por amantes del *windsurf* y el *kitesurf* por sus fuertes vientos. Junto a ella, del otro lado de la Montaña Roja, descubrimos *La Tejita*, espacio natural protegido con una extensa playa de fina arena *rubia* de un kilómetro de longitud. Desde El Médano, hacia el norte, encontramos también la playa de arena de *El Cabezo*.

A continuación reseñamos municipios con otras playas a tener en cuenta. Así, en Guía de Isora cabría destacar la playa de *Alcalá*, perteneciente a los barrios pesqueros de Playa de San Juan y Alcalá, con un clima seco y soleado durante todo el año. Y la playa y *Calas de la Jaquita*, con bandera azul. En Icod de los Vinos, la playa de *San Marcos*, pequeña y de ambiente familiar. En La Laguna, la del *Arenal*, entre Bajamar y Punta del Hidalgo, de arena negra y callaos y las *Piscinas de Bajamar* (con bandera azul). En La Orotava, *El Bollullo*, preciosa y aislada

playa de arena volcánica con aguas muy limpias. Por último, en Los Realejos, *El Socorro,* frecuentada por aficionados al surf y también con bandera azul.

En el turístico municipio de Puerto de la Cruz está la playa de *Martiánez,* junto al complejo de piscinas Lago Martiánez y *Playa Jardín,* además de *San Telmo* (bandera azul). En el municipio de Santa Cruz de Tenerife destaca la famosa playa de *Las Teresitas,* la más popular de la capital, a siete kilómetros del centro urbano, y *Las Gaviotas,* siguiendo la carretera que une San Andrés con Igueste de San Andrés. También está la de *Antequera,* de fina arena. Y junto al roque: *El Roque, Almáciga* y *Benijo,* esta última una de las más bellas de la isla. A estas tres playas se accede por la carretera que pasa por el caserío de Taganana.

De las playas de Santiago del Teide cabe mencionar *La Arena,* en Puerto Santiago, playa de fina arena volcánica que ondea bandera azul, y *Los Guíos* o de *Argel,* que se extiende junto a los acantilados de los Gigantes. Por último, en el municipio de Tacoronte, la playa de *Mesa del Mar,* en el pequeño núcleo vacacional del mismo nombre, también conocida como de *La Arena* (bandera azul), y la pequeña playa de *El Pris,* en un humilde pueblecito de pescadores.

Tenerife tiene, como se ve, playas para dar y tomar, cada una con su encanto particular. Pero el océano no acaba en ellas, la isla ofrece también gran cantidad de calas, charcas y piscinas naturales donde disfrutar de sus frescas y limpias aguas todo el año.

▼ Playa de La Tejita.

Una gastronomía propia

9

Papas, pescado, vino, mojo y gofio. La gastronomía tinerfeña sigue el dictado de las recetas de siempre. En las cocinas pervive la tradición; en las mesas, el sabor.

Las papas y el mojo son la principal seña de identidad de la cocina canaria. En Tenerife se sigue denominando papa a lo que en el resto de España se conoce como patata. Esa denominación es la original americana, con la que el tubérculo llegó a estas tierras procedente del área andina.

Las papas hicieron escala en Canarias antes de continuar su expansión por el continente europeo y, desde entonces, constituye una de las bases sobre la que se sustenta la cocina tinerfeña. Existen más de una treintena de variedades de papa, como las negras (que solo se producen en Tenerife), las bonitas (llamadas así por su exquisito sabor) o las *quinewas*, nombre que procede de la transformación de las palabras King Edward, el rey que se moría por ellas. Las papas acompañan multitud de platos, aunque la forma más tradicional de consumirla es *arrugá* (cocida con su piel y con mucha sal).

El mojo, por su parte, puede ser rojo o verde. El más conocido es el picón, muy picante, aunque hay otros más suaves, como el de cilantro o el de almendras. El primer plato siempre suele ser un buen potaje a base de verduras, normalmente de calabaza, calabacín o berros. Se continúa después con alguno de los muchos pescados que se capturan en la costa. Es típica la vieja, guisada o frita, y también la sama, el cherne, el mero y el atún. Entre las carnes, la más demandada es la de conejo, preparado casi siempre en salmorejo, aunque también la de cerdo. Los golosos están de suerte, porque en Tenerife, además de frutas (plátanos, mangos, papayas…), podrán probar riquísimos dulces, algunos elaborados con miel, almendras y gofio, harina que se consigue a partir de cereales tostados.

De los viñedos isleños se extraen excelentes vinos, blancos y tintos, con diferentes denominaciones de origen: Tacoronte-Acentejo, Ycoden-Daute-Isora, Valle de La Orotava, Valle de Güímar y Abona, así como las de El Hierro, Vinos de La Gomera y La Palma. Personajes como Shakespeare o Góngora dieron buena cuenta de ellos. Muchos se degustan hoy en los típicos *guachinches*, restaurantes caseros donde el minifundista saca su cosecha vinícola y la acompaña de platos tradicionales.

▼ Papas, mojo y pescado son de los platos más representativos de la isla canaria.

Tenerife en fiestas

Llega febrero y las islas se dejan llevar por los ritmos más desenfrenados. Música, baile, comparsas... ¡Que viva el Carnaval!

10

No hace falta ir hasta América y sumergirse en los carnavales de Río de Janeiro para disfrutar de una de las fiestas más locas y salvajes del calendario. En España hay multitud de destinos donde los últimos días de febrero se viven de forma especial. Chirigotas, charangas, murgas y rondallas varias hacen de las suyas a lo largo y ancho del territorio nacional. Aunques los desfiles y pasacalles de muchas ciudades tienen su encanto, nada es comparable al frenesí de Tenerife, sobre todo en Santa Cruz, la capital española más caribeña por estas fechas.

Todo comienza durante la elección de la Reina del Carnaval. Durante un año entero los diseñadores más atrevidos esbozan sobre el papel cientos de ideas para dar con el traje más sensual, el más barroco, un número uno. Una vez presentada la gran dama al público... comienza el espectáculo. Hasta que llegue la hora de enterrar a la sardina, cientos de grupos insólitos blanden al aire sus instrumentos de cuerdas, las muchachas ocultan sus rostros tras el antifaz y alguno que otro incluso se atreve a cantar coplillas sobre lo divino y lo humano, crónicas picantes y con chispa de los últimos avatares de la vida política y social.

Son días para el exceso, donde las comparsas recuperan los sones del Caribe y evocan el lejano Brasil con cuidadas coreografías. Un derroche de ingenio que tiene su contrapunto tranquilo en las serenas aguas que bañan las islas. Tenerife es el paraíso del sol, el lugar donde todo el mundo desea escapar para huir del frío. Y si es en Carnaval mucho mejor.

Info

🛈 **Carnaval de Tenerife**
🌐 https://carnavaldetenerife.com

▼ Fantasía, alegría y diversión protagonizan cada año el carnaval en Tenerife.

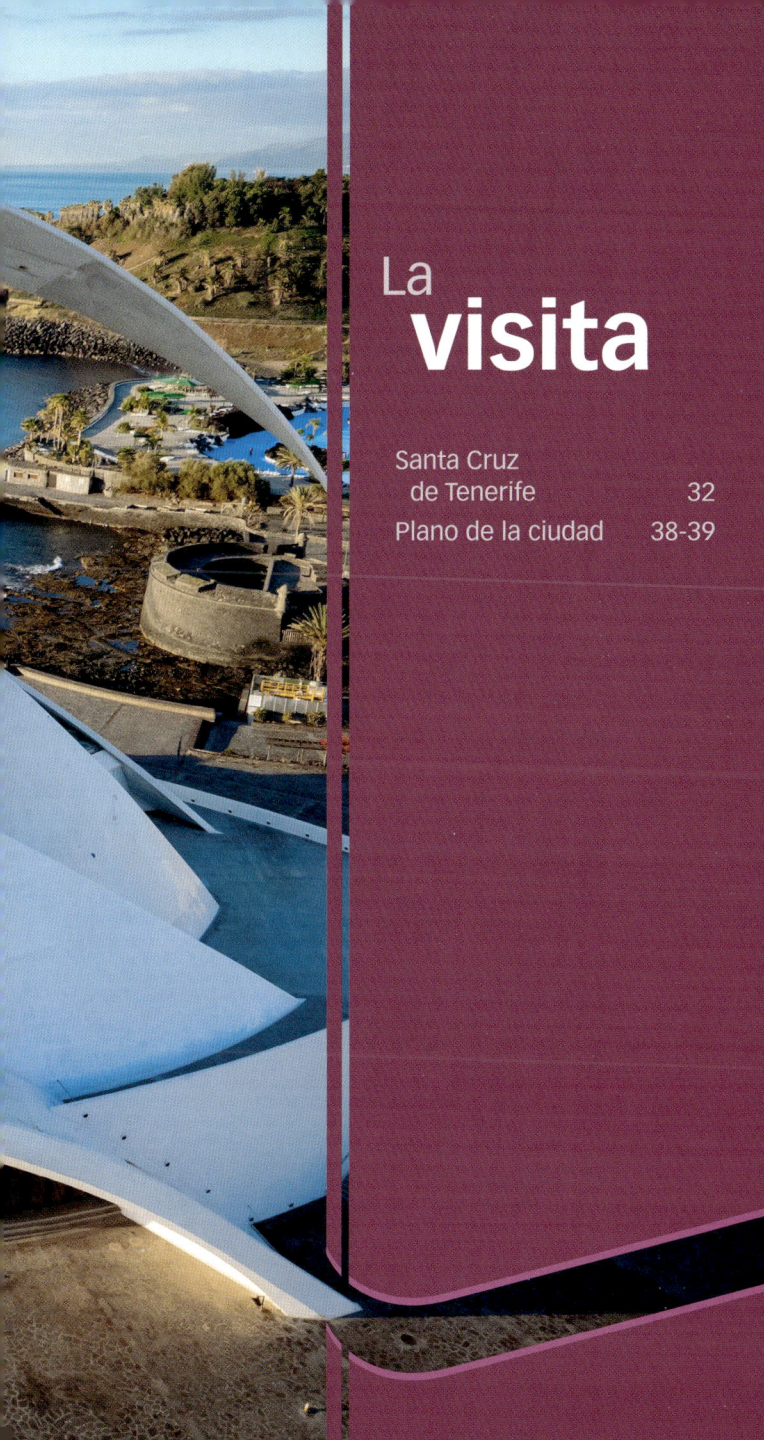

La
visita

Santa Cruz de Tenerife

El puerto y la actividad turística hacen de Santa Cruz una ciudad cosmopolita, colorida y alegre, un carácter que tiene su máxima expresión en el famoso Carnaval. A pesar de ello, Santa Cruz sigue siendo una urbe proporcionada, de ambiente amable y tranquilo, que puede visitarse fácilmente a pie. La ciudad cuenta con una envidiable abundancia de parques y jardines, como el de La Granja o el de García Sanabria, donde puede visitarse su prestigioso Museo de Escultura al Aire Libre, pero también de pequeñas plazas de aire romántico, rincones indispensables del casco antiguo, como la plaza del Príncipe de Asturias, la plaza de la Candelaria o la plaza Weyler. Otra de las características del urbanismo santacrucero son sus ramblas, alegradas con la colorida flora canaria y flanqueadas por comercios, restaurantes, cafeterías y terrazas que otorgan una atmósfera extraordinariamente vital a la capital tinerfeña.

Más allá de su casco histórico, donde el visitante conocerá un singular patrimonio arquitectónico y una loable oferta museística, la ciudad ha crecido trepando por las laderas del macizo de Anaga o acercándose a La Laguna, ciudad con la que ya casi conforma un continuo urbano. Esos barrios populacheros y un tanto desordenados han dejado paso al desarrollo moderno, más estructurado: el crecimiento de Santa Cruz se orienta hoy principalmente hacia el sur del barranco de Santos, un cauce que actualmente divide la ciudad en dos partes. En esta zona se extendían los barrios de El Cabo y Los Llanos, que fueron derribados por entero a partir de la década de 1960 para dejar paso a la ciudad más moderna, con los nuevos edificios administrativos, la estación de "guaguas", áreas residenciales y grandes centros comerciales. El crecimiento urbano se extiende hasta el parque marítimo César Manrique, y allí se han levantado los dos edificios más emblemáticos de la arquitectura contemporánea en Santa Cruz: el Auditorio de Tenerife y el Centro Internacional de Ferias y Congresos, dos impresionantes obras del arquitecto valenciano Santiago Calatrava. Hacia el norte, en cambio, el macizo de Anaga deja poco espacio para el crecimiento de la ciudad. Al final de la larga fachada portuaria, dejando atrás el Club Náutico, se extiende el barrio pesquero de San Andrés, con sus populares restaurantes de pescado, papas y mojo. Y al final de todo este sector está una de las singularidades de Santa Cruz: la playa de Las Teresitas, que los santacruceros tuvieron que inventar.

A los habitantes de Santa Cruz se les llama chicharreros. El curioso gentilicio proviene de la gran cantidad de pescadores de chicharros que hubo en otra época. Las bromas y la rivalidad entre tinerfeños y grancanarios dieron al término una aureola de sorna, pero hoy los santacruceros adoptan con orgullo esta denominación. La rivalidad de Santa Cruz con Las Palmas es harto conocida, acentuada esencialmente desde 1927, cuando Primo de Rivera dividió definitivamente el archipiélago en dos provincias. La competencia consiguió suavizarse a partir de 1982 con la aprobación y desarrollo del estatuto de autonomía y el salomónico reparto de las instituciones políticas entre ambas capitales insulares.

Planificación de la visita

La **plaza de España** es el lugar ideal para iniciar una visita a la capital tinerfeña. Abierta a las aguas del Atlántico, en ella confluyen las grandes avenidas marítimas de Santa Cruz, ejerciendo, además, como nexo entre la zona portuaria y el casco antiguo.

Hacia el sur de la plaza se hallan algunos de los edificios religiosos más interesantes de la ciudad, como la **capilla de San Telmo** y, sobre todo, la **iglesia de la Concepción**. Junto a esta se halla el excelente **Museo de Naturaleza y Arqueología (MUNA)**, y no muy lejos está el moderno edificio de **TEA Tenerife Espacio de las Artes**.

Hay que cruzar luego el amplio barranco de los Santos para seguir hacia el sur y conocer el sector más moderno de Santa Cruz. El largo paseo debe llevarnos hasta el **parque marítimo César Manrique** y el **castillo de San Juan**. Aquí está también la arquitectura más vanguardista de la ciudad, con los sorprendentes edificios del arquitecto Santiago Calatrava: el **Auditorio de Tenerife** y el **Centro Internacional de Ferias y Congresos**.

Regresaremos de nuevo a la plaza de España para adentrarnos en las calles del núcleo más antiguo de Santa Cruz. En este sector es donde se conocerán las mejores manifestaciones arquitectónicas del barro-

La capital tinerfeña fue en su origen un modesto puerto de pescadores, desarrollado alrededor del punto en que desembarcó el adelantado Alonso Fernández de Lugo para iniciar la conquista castellana de la isla. La capital insular, y de todo el archipiélago, se estableció en San Cristóbal de La Laguna, y no fue hasta 1822, diecinueve años después de emanciparse de La Laguna, cuando Santa Cruz adquirió la condición de capitalidad. A pesar de su origen modesto, aquel núcleo portuario vivió durante siglos una atribulada historia: sufrió numerosas incursiones de piratas y diversos intentos de apropiarse del puerto por parte de los británicos. En 1797 la ciudad tuvo que defenderse del ataque de la escuadra del almirante Nelson, un epi-

sodio bélico en que el famoso militar inglés perdió un brazo a causa de un disparo del llamado cañón *Tigre*, que hoy puede verse expuesto en el Centro de Interpretación del Castillo de San Cristóbal.

Sin duda, el extraordinario desarrollo portuario contribuyó decisivamente a que Santa Cruz acabara sustrayendo la capitalidad insular a La Laguna. Hoy el puerto de Santa Cruz sigue teniendo un gran volumen de tráfico marítimo y conserva su importancia como enlace entre los principales puertos europeos, africanos y americanos. Además, el enorme puerto no solo mantiene una intensa actividad comercial, sino que se ha convertido también en una importante referencia en el trayecto de grandes cruceros turísticos.

co, el neoclasicismo o el modernismo, en edificios tan emblemáticos como el **Teatro Guimerá**, la **iglesia de San Francisco** o el **palacio de Carta**, entre muchos otros. Esta zona es también la que aglutina la vida comercial más tradicional, y está repleta de bares, restaurantes y terrazas. Entre la oferta museística debe subrayarse el **Museo de Bellas Artes**, con un loable fondo pictórico de artistas canarios. No debe dejar de visitarse, en un extremo de este casco antiguo, el **parque municipal García Sanabria** y su **Museo de Esculturas al Aire Libre.** Finalmente, y aunque el tamaño de la ciudad permite disfrutarla a pie sin problemas, conviene tomar un medio de transporte para completar el recorrido, ahora hacia el norte de la plaza de España, para acercarse hasta la famosa **playa de Las Teresitas.**

Para facilitar la visita se dispone de un **plano** de la ciudad en las páginas 38-39. El símbolo 🕛, junto a los monumentos o lugares destados, remite a su localización en el plano.

Las estrellas (**✳** o **✳✳**) que acompañan a los lugares o monumentos hacen referencia a su importancia o su especial interés.

◄ Playa de las Teresitas.

❙ PLAZA DE ESPAÑA ✱

La plaza de España, remodelada en 2006 según un proyecto de los arquitectos suizos Herzog & de Meuron, constituye un verdadero centro neurálgico de la capital tinerfeña. Abierta a la brisa del Atlántico, es un amplio espacio en el que confluyen las principales avenidas marítimas, y al que asoman diversos edificios administrativos. Durante el famoso Carnaval es escenario de algunas de las más multitudinarias celebraciones. En el centro de la plaza puede verse un controvertido monumento a los Caídos. El edificio más vistoso que asoma a esta bulliciosa ágora, en una de sus esquinas, es el del **Cabildo Insular de Tenerife**, un palacete neoclásico en cuyo salón noble puede verse un interesante muestrario de murales y decoración *art decó*. Los restos subterráneos del **castillo de San Cristóbal** acogen un **Centro de Interpretación**.

❙ PUERTO DE SANTA CRUZ

Frente a la plaza se abre el enorme puerto de Santa Cruz. Desde esa zona puede contemplarse una de las estampas más conocidas de la ciudad: el puerto con las agrestes pendientes del macizo de Anaga como telón de fondo. El de Santa Cruz es un puerto extraordinariamente activo, uno de los más dinámicos del país en cuanto a volumen de tráfico de pasajeros y mercancías, dada su importancia en la conexión con los principales puertos de África

y América. En el muelle antiguo aún pueden verse algunas infraestructuras que hablan de la vieja importancia de este puerto, como el pequeño **faro** que hasta 1836 sirvió de guía a las embarcaciones, y que hoy es otro símbolo de esta ciudad portuaria. Junto al puerto están las instalaciones del puerto deportivo: **Marina de Santa Cruz.**

I PLAZA DE LA IGLESIA

Saliendo de la plaza de España por la calle de Bravo Murillo, que arranca detrás del Cabildo Insular, se llega hasta la **plaza de la Iglesia**, donde se halla la parroquia matriz de la **Concepción.** Levantada entre los siglos XVII y XVIII sobre una ermita anterior, en la zona donde se originó el núcleo urbano hace algo más de 500 años, esta iglesia guarda en su interior diversas reliquias religiosas e históricas, como la cruz que, según la tradición, clavó en 1494 el conquistador Alonso Fernández, y que daría nombre a la ciudad. También pueden verse en ella una talla gótica de la *Virgen* (siglo XV), una pila bautismal del siglo XVII y un magnífico púlpito barroco. La barroca capilla de los Carta (siglo XVIII) es quizá el rincón del templo con una mayor riqueza ornamental, sobre todo gracias a un espectacular retablo churrigueresco. Del exterior destacan el típico balcón canario de madera tallada sobre la portada y la torre de estilo toscano, que aún hoy otorga personalidad al perfil urbano.

Oficina de Turismo en Santa Cruz de Tenerife
✉ Palacio de Carta.
Plaza de la Candelaria, 9.
☎ 615 153 351.
🖥 www.webtenerife.com
www.elcorazondetenerife.com

Kiosco de información
✉ Zona alta del edificio Puerto Ciudad (entrada estación marítima).
☎ 922 892 903.
🕐 Solo días de crucero, de 9 h a 11 h.

📍 C2
Plaza de la Iglesia
Iglesia de la Concepción

▼ La plaza de España, remodelada siguiendo un diseño de Herzog & de Meuron, luce un lago artificial de agua marina.

SANTA CRUZ DE TENERIFE

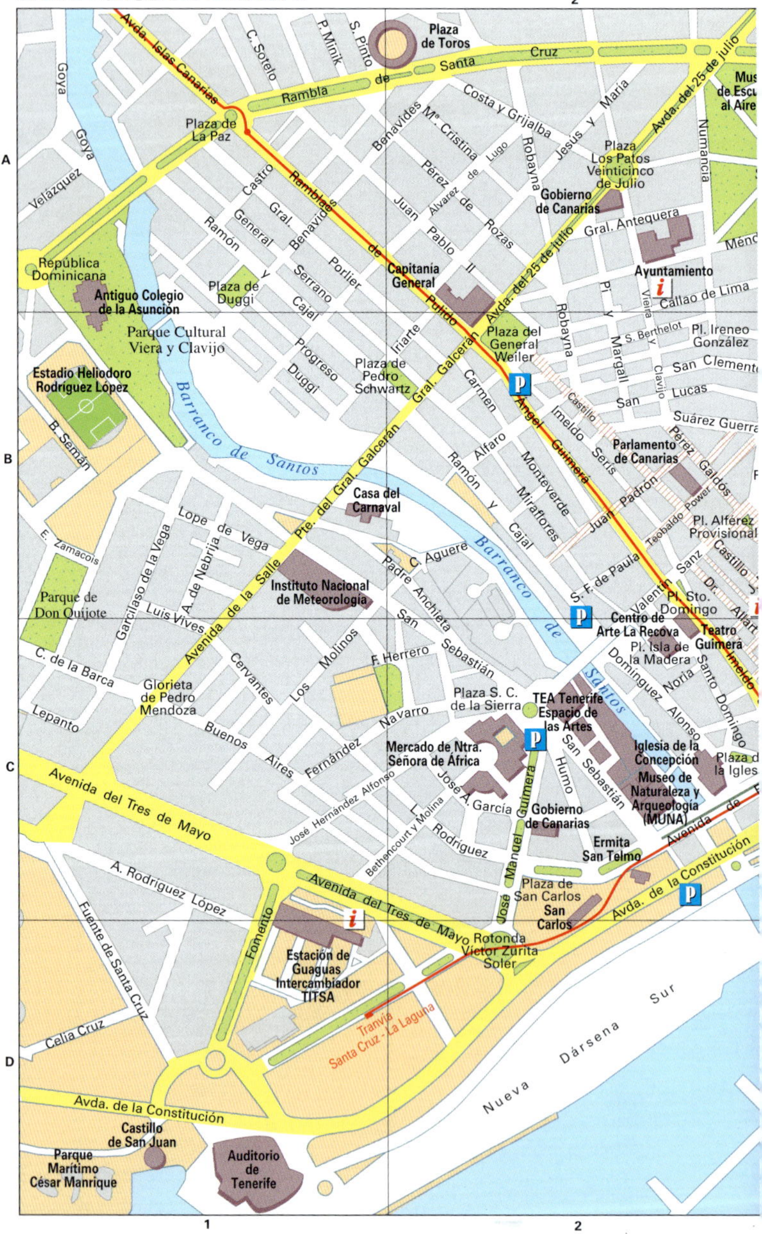

A

- Goya
- C. Soleto
- P. Mink
- S. Pinto
- Avda. Islas Canarias
- Plaza de Toros
- Cruz
- Santa
- Rambla
- de
- Avda. del 25 de Julio
- Mus de Escu al Aire
- Numancia
- Plaza de La Paz
- Benavides
- Mª Cristina
- Costa y Grijalba
- Robayna
- Jesús y María
- Plaza Los Patos Veinticinco de Julio
- Velázquez
- Goya
- Castro
- Gral.
- Benavid
- Pérez
- Álvarez
- de
- Lugo
- Rozas
- Gobierno de Canarias
- Gral. Antequera
- Mend
- República Dominicana
- Ramón
- General
- Rambla
- de
- Serrano
- Porlier
- Juan
- Pablo II
- Capitanía General
- Avda. del 25 de Julio
- Ayuntamiento
- Callao de Lima
- Antiguo Colegio de la Asunción
- Plaza de Duggi
- Cajal
- Iriarte
- Pulido
- Plaza del General Weiler
- S. Berthelot
- Pl. Ireneo González
- Parque Cultural Viera y Clavijo
- Progreso
- Duggi
- Plaza de Pedro Schwartz
- Pte. del Gral. Galcerán
- Carmen
- Robayna
- Imeldo
- Castillo
- San
- Margali
- Clavijo
- San Clemente
- Estadio Heliodoro Rodríguez López
- Serís
- Suárez Guerra
- Lucas

B

- B. Semán
- Barranco de Santos
- Alfaro
- Ramón y Cajal
- Monteverde
- Miraflores
- Juan
- Padrón
- Parlamento de Canarias
- Pérez Galdós
- Pl. Alférez Provisional
- E. Zamacois
- Lope de Vega
- Casa del Carnaval
- C. Aguere
- Barranco
- de
- Teobaldo Power
- Sanz
- Castillo
- Parque de Don Quijote
- Garcilaso de la Vega
- Luis Vives
- A. de Nebrija
- Avenida de la Salle
- Padre Anchieta
- San Sebastián
- Santos
- S. F. de Paula
- Valentín
- Domingo
- Pl. Sto. Domingo
- i
- Instituto Nacional de Meteorología
- C. de la Barca
- Cervantes
- Los
- Molinos
- F. Herrero
- Centro de Arte La Recova
- Pl. Isla de la Madera
- Teatro Guimerá
- Alfar

C

- Lepanto
- Glorieta de Pedro Mendoza
- Buenos
- Navarro
- Aires
- Fernández
- Plaza S. C. de la Sierra
- TEA Tenerife Espacio de las Artes
- Noria
- Domingo
- Sto. Domingo
- Alonso
- Avenida del Tres de Mayo
- José Hernández Alfonso
- Mercado de Ntra. Señora de África
- José A. García
- Humo
- San Sebastián
- Iglesia de la Concepción
- Plaza de la Iglesia
- A. Rodríguez López
- Bethencourt y Molina
- Rodríguez
- Gobierno de Canarias
- Museo de Naturaleza y Arqueología (MUNA)
- Avenida
- de
- Ermita San Telmo
- Avenida del Tres de Mayo
- José Manuel Guimerá
- Plaza de San Carlos
- San Carlos
- Avda. de la Constitución
- Fuente de Santa Cruz
- Fomento
- i
- Rotonda Víctor Zurita Soler
- Estación de Guaguas Intercambiador TITSA

D

- Celia Cruz
- Tranvía Santa Cruz - La Laguna
- Nueva Dársena Sur
- Avda. de la Constitución
- Castillo de San Juan
- Parque Marítimo César Manrique
- Auditorio de Tenerife

1 **2**

● C2
Ermita de San Telmo

▼ Torre de la iglesia de la Concepción, en la plaza de la Iglesia.

Junto a la iglesia se levantan varios **palacetes**, como el de la compañía de tabacos La Tinerfeña (1880), y **casonas** de estilo tradicional canario con sus característicos balcones de madera. Y si desde allí nos asomamos de nuevo al mar veremos la pequeña **ermita de San Telmo,** construida a mediados del siglo XVI en el lugar en que, según la tradición, tuvo lugar la ceremonia fundacional de la ciudad en 1494. En su interior conserva un bello artesonado mudéjar.

I **MUSEO DE NATURALEZA Y ARQUEOLOGÍA**

Cruzando el barranco de Santos y junto a la cercana **fuente de Morales,** una obra civil de 1838 que en su origen recogía las aguas transportadas por los acueductos desde las montañas de Anaga, se halla el **Museo de Naturaleza y Arqueología,** ubicado en el edificio neoclásico del antiguo hospital de los Desamparados, del siglo XVIII. El museo abarca dos grandes áreas temáticas: la arqueológica, con una fascinante aproximación a la cultura aborigen, y la de ciencias naturales, que permite un didáctico repaso a la biodiversidad y la geología volcánica de la isla.

Al costado izquierdo del museo se halla el moderno edificio del **TEA Tenerife Espacio de las Artes,** obra de los arquitectos Jacques Herzog, Pierre de Meuron y Virgilio Gutiérrez. Se trata de una gran infraestructura cultural en la que tienen cabida las sedes de diversas instituciones y salas de exposiciones de arte contemporáneo.

I **AUDITORIO DE TENERIFE ADÁN MARTÍN** ✱✱

Un agradable paseo por la avenida de la Cosntitución, arteria que discurre junto a la dársena portuaria conduce hasta el edificio que, sin duda, ya desde lejos habrá llamado la atención del visitante: el moderno **Auditorio de Adán Martín** (en recuerdo de un célebre político canario). Obra del arquitecto valenciano Santiago Calatrava, esta es la más espectacular aportación de la arquitectura contemporánea a la ciudad, un edificio verdaderamente sorprendente. Fue inaugurado en 2003 en uno de los espacios más emblemáticos de la geografía santacrucera, el **parque marítimo César Manrique.** Este envidiable parque urbano que diseñó el arquitecto lanzaroteño se extiende sobre más de 25 hectáreas e incluye desde piscinas naturales hasta agradables jardines con palmeras y con la colorida y variada flora canaria. Junto a él, en los terrenos recuperados de un antiguo vertedero, se construyó el **Palmetum de Santa Cruz,** un jardín botánico con la mejor colección de palmeras de Europa.

En vivo contraste con el blanco absoluto del Auditorio se encuentra, a su lado, el **castillo de San Juan,** viejo fortín construido en roca oscura (le llaman también el castillo Negro), muy bien conservado. Junto a él está la **Casa de la Pólvora,** un edificio de mampostería de mediados del siglo XVIII. A espaldas del parque marítimo la ciudad ha experimentado su desarrollo más reciente, con modernos edificios, centros comerciales y otra de las construcciones

· · · · · · · ·

📍 C2
Museo de Naturaleza y Arqueología (MUNA)
✉ Fuente Morales, s/n. Antiguo Hospital Civil.
☎ 922 535 816.
🌐 www.museosdetenerife.org
🕐 De lunes a sábado, de 9 h a 19 h. Domingo y festivos de 10 h a 17 h.
🎟 Entrada general: 5 €.

· · · · · · · ·

📍 C2
TEA Tenerife Espacio de las Artes
✉ Avda. de San Sebastián, 10.
☎ 922 849 090.
🌐 https://teatenerife.es
🕐 Martes a domingo, de 10 h a 20 h.
🎟 Entrada general: gratuita. Cine TEA: 4 €.

· · · · · · · ·

📍 D1
Auditorio de Tenerife Adán Martín
✉ Avda. de la Constitución, 1.
☎ 922 568 600.
🌐 www.auditoriodetenerife.com

· · · · · · · ·

📍 D1
Parque Marítimo César Manrique
✉ Avda. Constitución, 5.
☎ 922 229 368.
🌐 https://parquemaritimosantacruz.es
🕐 En verano, de lunes a domingo de 10 h a 19 h. En invierno de 10 h a 18 h.
🎟 Adultos, 7,50 €. Niños: 4 €.
ℹ Tres piscinas de agua salada, solárium, restaurantes y tiendas.

· · · · · · · ·

📍 D1 (f.p.)
Palmetum de Santa Cruz
✉ Avda. de la Constitución, 5.
☎ 922 229 368.
🌐 https://palmetumtenerife.es

· · · · · · · ·

📍 D1
Castillo de San Juan

D1 (f.p.)
Centro Internacional de Ferias y Congresos

D1 (f.p.)
Espacio Cultural El Tanque
Adán Martín Menis, s/n.
922 239 596
www.facebook.com/amigosdeltanque

C3
Plaza de la Candelaria

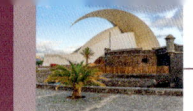

de la vanguardia arquitectónica de Santa Cruz: el **Centro Internacional de Ferias y Congresos,** obra también de Calatrava e inaugurado en 1996. Cerca queda el **Espacio Cultural El Tanque.**

PLAZA DE LA CANDELARIA

De nuevo en la plaza de España, hay que subir por la adyacente plaza de la Candelaria para adentrarse ahora en el núcleo antiguo de Santa Cruz. Esta plaza alargada, a modo de rambla peatonal, es uno de los espacios más animados de la ciudad, repleto de comercios y de terrazas de bares y cafeterías. En su centro se levanta un **obelisco** de mármol italiano culminado por una estatua de la *Virgen de la Candelaria,* patrona de los canarios, de trazas neoclásicas.

Al perímetro de la plaza asoman numerosas muestras de arquitectura nobiliaria, como la **casa Simón,** el edificio del **Círculo Mercantil,** la **casa Ascanio** o **Casino.** Este último es una construcción de 1935, de estilo ecléctico con elementos *art decó*, con una interesante pinacoteca en su interior.

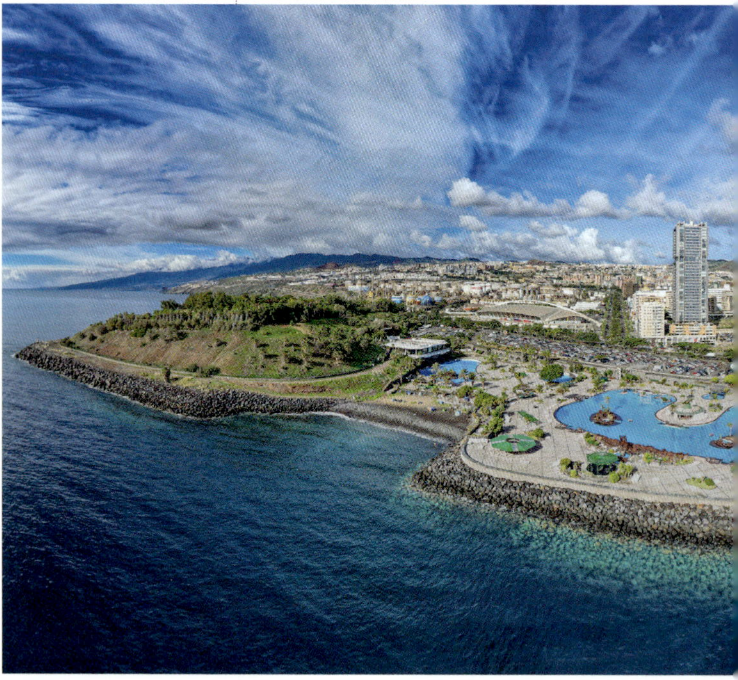

Sin embargo, el más espectacular de los edificios que flanquean la plaza de la Candelaria es el **palacio de Carta,** un edificio de estilo neoclásico regionalista, construido en 1752, en cuya arquitectura se mezclan elementos flamencos y mudéjares. De su fachada labrada en sillería sobresale una vistosa balconada típicamente canaria, aunque su espacio más sorprendente es un magnífico patio interior de dos cuerpos con excepcionales trabajos en madera. El edificio, rehabilitado, acoge la Oficina de Turismo y se puede conocer mediante una visita guiada.

La plaza de la Candelaria tiene continuación en la **calle Imeldo Serís,** también peatonal y que constituye uno de los principales ejes comerciales del núcleo antiguo de Santa Cruz, siempre repleto de gente. A su izquierda se extiende un breve entramado de estrechas callejuelas en las que se conservan las mejores muestras de arquitectura popular tinerfeña, y que además esconde algunos curiosos establecimientos tradicionales y diversos restaurantes. La **calle Noria** es la que aglutina en mayor medida estas características.

◉ B-C3
Palacio de Carta

▼ Vista de Santa Cruz de Tenerife, con el Parque Marítimo César Manrique y el Auditorio.

◉ B-C2
Teatro Guimerá
✉ Plaza Isla de la Madera.
☎ 922 609 450.
🖥 https://teatroguimera.es

◉ B-C3
Centro de Arte La Recova
✉ Plaza Isla de La Madera, 2.
☎ 653 481 061.
🖥 www.elcorazondetenerife.com

◉ C2
Mercado de Nuestra Señora de África

▎TEATRO GUIMERÁ ✳

La calle Serís va a desembocar junto a uno de los edificios más interesantes de la capital tinerfeña: el Teatro Guimerá. Construido en 1849, su aspecto exterior es más bien sobrio, pero el interior muestra una extraordinaria decoración, propia de la época romántica en que fue concebido, con finos terciopelos, ribetes dorados, suntuosas telas y un techo con vistosos frescos murales. Al igual que el teatro Pérez Galdós de Las Palmas, también este tuvo el privilegio de acoger a los más prestigiosos actores y actrices dramáticos, a los mejores tenores y sopranos, que actuaban allí aprovechando las escalas que realizaban en sus viajes hacia América. Es el teatro en activo más antiguo de Canarias.

En la contigua plaza Isla de la Madera se halla el edificio que entre 1851 y 1934 albergó la Recova Vieja, es decir, el principal mercado de abastos de la ciudad. Es un edificio de concepción neoclásica que actualmente acoge el **Centro de Arte La Recova,** con espacios para exposiciones itinerantes y talleres de diversas actividades creativas.

Detrás del Teatro se abre la plaza de Santo Domingo, y tangente a ella discurre la calle Valentín Sanz. Tomando esta calle hacia la izquierda se llega a un puente de considerables dimensiones que permite salvar el barranco de Santos. Frente al puente aparece el **mercado de Nuestra Señora de África,**

que hoy es el principal mercado de la ciudad; su animado ambiente y su colorida oferta hacen recomendable un paseo por estas instalaciones.

También a este lado del barranco, un corto paseo nos permite llegar hasta la **Casa del Carnaval**, museo dedicado a esta fiesta.

I PLAZA DEL PRÍNCIPE DE ASTURIAS ✱

Si tomamos la calle Valentín Sanz hacia el lado opuesto, a la derecha, llegaremos hasta uno de los espacios más agradables del núcleo antiguo de Santa Cruz: la plaza del Príncipe de Asturias. Inaugurada en 1860, y dedicada al monarca Alfonso XII, esta plaza fue abierta sobre el espacio que anteriormente ocupaba la huerta del monasterio franciscano de San Pedro de Alcántara. En los exuberantes **jardines** de la plaza llaman la atención los enormes laureles importados de Cuba en 1864, de unas dimensiones impresionantes. El acceso a la plaza está flanqueado por columnas de granito basáltico en cuyos capiteles descansan unas **estatuas** procedentes de Génova que simbolizan el verano y el invierno. La fuente central y el romántico templete con marquesina completan el encanto de este espacio.

De entre las construcciones que flanquean la plaza destaca el **edificio del Círculo de la Amistad XII de Enero,** de un estilo entre el modernismo canario y el racionalismo.

En el lugar que ocupaba el convento franciscano existe hoy un edificio que alberga el **Museo Municipal de Bellas Artes.** En el museo puede contemplarse una extensa colección de obras de artistas canarios (del siglo XVII al XX), así como lienzos de Ribera, Madrazo, Sorolla y de diversos artistas flamencos.

I PLAZA DE SAN FRANCISCO

A espaldas de la plaza del Príncipe se abre la plaza de San Francisco, en la que se encuentra la **iglesia de San Francisco de Asís.** Es una construcción de finales del siglo XVII, de una marcada suntuosidad barroca que se manifiesta esencialmente en las columnas salomónicas de la portada y en la cornisa festoneada que remata el conjunto. En su interior pueden verse un valioso retablo barroco y notables muestras de imaginería religiosa, además de las cubiertas mudéjares.

Continuando por la calle San Francisco hacia el norte se encontrará la **fuente de Isabel II,** construida en 1845 con granito basáltico para conmemorar la mayoría de edad de la reina Isabel II; su cuerpo

---

◉ B1
Casa del Carnaval
🏠 Aguere, 17.
☎ 922 046 020.
🌐 https://casacarnaval
   santacruz.com

◉ B3
Plaza Príncipe de Asturias

◉ B3
**Museo Municipal
de Bellas Artes**
🏠 José Murphy, 12.
☎ 922 244 358.
🌐 www.webtenerife.com
🕐 De martes a viernes de 10
   h a 20 h; sábado, domingo y
   festivos de 10 h a 15 h.

◉ B3
Plaza de San Francisco

◀ Mercado de Nuestra
Señora de África (abajo).

Museo Militar de Canarias

✉ San Isidro, 2 (castillo de Almeyda).

☎ 922 298 557.

🖱 https://patrimoniocultural.defensa.gob.es

🕐 De martes a viernes, de 9 h a 15 h. Sábado, domingo y festivos, de 10 h a 14 h.

💳 Gratuito.

ℹ Dedicado a los defensores de la isla que impidieron la invasión de las tropas de Nelson.

A3

Parque García Sanabria

▼ Dos de las obras del Museo de Esculturas al Aire Libre: *Sin título,* de Feliciano Hernández (arriba) y *Lorea,* de Ricardo Ugarte (abajo).

principal está formado por seis columnas toscanas que acogen cinco surtidores, y el conjunto está coronado con las armas de la ciudad.

La calle de San Francisco va a desembocar en la de San Isidro. Allí está el **castillo de Almeyda,** que hoy alberga el **Museo Militar de Canarias**. Expone numerosos objetos militares (armas, munición, mapas, estandartes, etc.).

▮ PARQUE MUNICIPAL GARCÍA SANABRIA ★★

Desde este punto, la amplia rambla de Santa Cruz sube directamente hasta el parque municipal García Sanabria. Este espacio verde ocupa una superficie de más de 60.000 m² y cuenta con una excepcional muestra de árboles y flores, con ejemplares de laurel de nieve africano, de papaya tropical americana o del cedro gigante de Cuba, entre otras exóticas especies. Hay también un orquidiario y un enorme reloj de las Flores. En el centro del parque puede verse una estatua dedicada al alcalde García Sanabria, impulsor en 1922 de este pulmón verde de Santa Cruz.

Además, el parque incluye el **Museo de Esculturas al Aire Libre,** con un amplio patrimonio escultórico de artistas contemporáneos de gran

renombre (Gustavo Forner, Josep Maria Subirachs y Pablo Serrano entre otros). El origen de este museo se debe a una iniciativa que tuvo lugar en la ciudad durante los años 1973 y 1974: la Exposición Internacional de Esculturas en la Calle. De aquella iniciativa, ampliada por posteriores donaciones y adquisiciones, quedó en la ciudad una importante colección escultórica que hoy puede verse entre el parque García Sanabria y las ramblas, y en la que se incluyen obras de Henry Moore o Joan Miró entre muchos otros.

Frente al parque, en la calle Méndez Núñez, se halla el edificio del **Ayuntamiento** de Santa Cruz, levantado en 1902. Presenta unas marcadas líneas neoclásicas. Muchos lo conocen como la "casa de los dragos" porque a ambos lados de su portada pueden verse dos ejemplares de estos característicos árboles.

🕐 A2
Ayuntamiento

| PLAZA DEL GENERAL WEYLER

La calle Méndez Núñez lleva hasta la plaza del General Weyler, otro agradable espacio urbano en cuyo centro fue instalada, en 1878, una **fuente** de mármol realizada en Génova por Archille Canessa. Frente a la plaza está el decimonónico edificio de la Capitanía General de Canarias. Por la calle Castillo se llega a la plaza de Teobaldo Power, de nuevo en el entramado del casco antiguo de Santa Cruz. Allí se encuentra la sede del **Parlamento de Canarias,** un edificio neoclásico, finalizado en 1887, dedicado originariamente a la promoción del teatro y la música. Frente a su entrada hay una escultura de Martín Chirino, y en el interior destacan los frescos de la bóveda del salón de plenos, en los que se representa una alegoría musical.

🕐 B2
Plaza del General Weyler

🕐 B2
Parlamento de Canarias

La visita a Santa Cruz de Tenerife debe completarse hacia el sector norte. Al final de la larga fachada portuaria está el Real Club Náutico, y más adelante se extiende el **barrio de San Andrés,** cuyas casas ocupan el escaso espacio existente entre el mar y el macizo de Anaga. Es un popular barrio marinero, en el que pueden encontrarse numerosas tascas y restaurantes para disfrutar del mejor pescado, siempre acompañado por las papas y el mojo. Ya en el extremo más septentrional está la famosa y magnífica *playa de Las Teresitas.* Su arena rubia llama la atención entre los oscuros tonos de la roca volcánica de la zona. El contraste se debe a que aquella arena fue traída desde el Sahara en la década de 1960 para que la capital tinerfeña pudiera contar con su propia playa.

🕐 f.p.
Barrio de San Andrés

◄ *Homenaje a Santa Cruz,* escultura de César Manrique, y castillo de San Juan.

La playa de Las Teresitas y el pleito insular

La rivalidad entre las dos islas capitalinas es manifiesta. La división provincial del archipiélago, con la consiguiente distribución de sedes oficiales y una serie de bellaquerías de una y otra orilla, mantienen el "pleito insular" más que latente, en efervescencia.

A principios de la década de los años 70 del pasado siglo, las autoridades municipales de Santa Cruz de Tenerife, ante la falta de una playa de arena que sirviera como solaz para sus habitantes y atractivo para una posible avalancha turística, como sucedía ya en la vecina capital, acometieron las obras de acondicionamiento de una zona del litoral, no muy lejos del barrio de San Andrés. Como quiera que en la isla escasean las playas de arenas rubias, y a pesar de la oferta que se hizo desde Gran Canaria, donde había que dragar una de sus playas, los ediles santacruceros prefirieron, faltaría más, traerla en barcos desde la antigua provincia del Sáhara Occidental español.

Todo iba muy bien. La playa quedó muy bonita y los santacruceros se habían quitado la espina. Pero un día, en uno de los periódicos de Las Palmas apareció un artículo en el que se advertía de las graves consecuencias que aquellas arenas podrían deparar. "Es lógico pensar –escribía el plumífero–, que las arenas estén infestadas de huevecillos de mortales alacranes, por lo que es muy probable la invasión de esos 'arácnidos pulmonados de pedipalpos prensiles' tan peligrosos como desconocidos en nuestro archipiélago". Las reacciones de los medios de comunicación santacruceros, bien alentados por los maquiavélicos próceres, como es costumbre, no se hicieron esperar. Hubo insultos, juramentos y encendidas polémicas durante años. El espigón que protege la playa del oleaje también se realizó a principios de los setenta. Pero esta no fue la última polémica que envolvió a la playa: a principios de la década de 2010 hubo un sonado proceso judicial por un intento de remodelación del paraje.

Con una longitud de 1300 m y una anchura de 80 m, la playa de Las Teresitas es la preferida por los santacruceros. Se puede llegar en autobús urbano o siguiendo el carril bici desde la plaza de España.

Excursiones
por la isla de
Tenerife

Isla de
Tenerife

La isla de Tenerife es la más extensa del archipiélago canario, y en ella se eleva la mayor altura de todo el territorio español, el volcán del Teide, de 3.718 metros de altitud. La orografía volcánica de la isla configura un continuo montañoso que atraviesa todo el territorio a modo de columna vertebral, desde el macizo de Anaga, al noreste, hasta el macizo de Teno, al noroeste, con el pico Teide en la parte central. Estas elevaciones son fundamentales para el paisaje insular, pues al frenar los frescos vientos alisios, que matizan el riguroso clima sahariano, las lluvias se concentran esencialmente en la vertiente norte de las montañas, mientras que en el sur se registra una extrema sequedad. Naturalmente, esta dualidad climática que imponen las montañas se manifiesta también en el paisaje vegetal. Quien visita la isla por primera vez suele sorprenderse del contraste radical entre los húmedos y verdes valles del sector norte, con una exuberante vegetación, y los semidesérticos parajes del sur de la isla, todo ello dentro de la reducida geografía insular.

Tenerife norte I.
Desde La Laguna a La Orotava

Saliendo de Santa Cruz de Tenerife por la autopista del norte se llega rápidamente a la población de La Laguna, donde comienza esta ruta. El conjunto arquitectónico con que cuenta la antigua capital insular, reconocido por la Unesco como Patrimonio Mundial, requiere hacer aquí una primera parada.

SAN CRISTÓBAL DE LA LAGUNA ✸✸

Emplazada a 550 metros sobre el nivel del mar, la villa de San Cristóbal de La Laguna fue fundada en 1496 por el adelantado Alonso Fernández de Lugo. Durante siglos fue la capital administrativa, no solo de la isla de Tenerife, sino de todo el archipiélago, y también sede del obispado canario. Además, en La Laguna está la **Universidad de San Fernando,** fundada en 1744 y hasta hace no muchos años el único centro universitario insular. Regida en sus comienzos por los padres agustinos, por esta universidad han pasado la mayoría de personajes ilustres de las islas. El ambiente literario, con su Ateneo, ubicado frente a la catedral, o el musical, con el célebre Orfeón la Paz, han sido referencias fundamentales de la cultura canaria. Hoy la universidad sigue siendo un motor de la vida social y cultural tinerfeña y, desde luego, hace de La Laguna una población con un ambiente diurno y nocturno muy dinámico.

El topónimo de la ciudad se debe a una laguna de aguas estacionales desecada definitivamente en 1837: la antigua laguna de Aguere, lugar de peregrinación aborigen. Junto a ella creció San Cristóbal de La Laguna, con un urbanismo trazado por el ingeniero Leonardo Torriani en 1510, y que constituye un ejemplo perfectamente conservado de ciudad colonial no fortificada. Entre las calles rectilíneas y el ordenado urbanismo de su casco antiguo se exhiben numerosos elementos arquitectónicos que recuerdan el pasado capitalicio y aristocrático de la urbe, y que la llevaron a ser catalogada por la Unesco como Bien Cultural y Patrimonio Mundial en 1999.

La visita a pie puede iniciarse en la amplia y vistosa **plaza del Adelantado,** principal referencia del casco antiguo. La plaza ha albergado históricamente los edificios civiles más importantes de la ciudad,

Planificación de la visita

La disposición orográfica de Tenerife permite diseñar el trazado de tres itinerarios bien diferenciados para conocer toda la isla, y que pueden tomar como punto de partida la ciudad de Santa Cruz: la **ruta norte,** con sus verdes y húmedos paisajes y las localidades históricas de este sector de la isla; la **ruta sur,** entre parajes más áridos y con las principales concentraciones turísticas de Tenerife; y la **ruta del Teide,** que atraviesa la isla por el centro subiendo hasta el pie del volcán.

Las estrellas (✸ o ✸✸) que acompañan a los lugares o monumentos hacen referencia a su importancia o su especial interés.

🏢 **Oficina de Turismo de La Laguna**

✉ Casa Alvarado Bracamonte (Capitanes Generales). Calle Carrera u Obispo Rey Redondo, 7.

☎ 922 631 194.

🔗 https://turismo. aytolalaguna.es www.webtenerife.com

⊙ B2
Plaza del Adelantado
Convento de Santa Catalina
Ermita de San Miguel
Ayuntamiento
Palacio de Nava

⊙ C2
Iglesia de Santo Domingo

⊙ B2
Monasterio de las Clarisas

⊙ A2
Santuario del Santísimo Cristo de La Laguna

⊙ B2
Casa de los Capitanes

⊙ B1-2
Catedral

como el Ayuntamiento, el mercado, el palacio de Nava (o palacio de los Marqueses de Villanueva del Prado). También asoman a este centro neurálgico la casona de arquitectura canaria donde nació en 1543 el padre Anchieta, misionero fundador de la ciudad de São Paulo, así como el **convento de Santa Catalina** y la pequeña pero elegante **ermita de San Miguel**. El **Ayuntamiento**, antigua casa del Corregidor, conserva de su obra originaria una magnífica fachada plateresca (siglo XVI), elevada sobre un pórtico de arcos. Más vistosa aún es la fachada del **palacio de Nava**, que combina la fastuosidad barroca con la sobria elegancia neoclásica.

Desde la plaza del Adelantado sale la calle de Santo Domingo, que lleva hasta el templo del mismo nombre. La **iglesia de Santo Domingo** fue construida a principios del siglo XVI en estilo gótico-plateresco, junto a un convento ya desaparecido, y fue utilizada como aulario de la Facultad de Filosofía. De su arquitectura sobresalen la portada plateresca y los artesonados mudéjares del interior.

También de la plaza del Adelantado parte la calle de Nava y Grimón, o calle del Agua. En ella se encuentra el **monasterio de las Clarisas**, en cuyas esquinas se levanta un matacán rematado por balcones y celosías que sirven de mirador a las monjas; en su interior se conservan un magnífico retablo barroco y la capilla del altar mayor de estilo mudéjar. La misma calle conduce hasta el **santuario del Santísimo Cristo de La Laguna,** ya en un extremo del casco antiguo.

Prácticamente junto a la Casa Consistorial, de nuevo en la plaza del Adelantado, parte la **calle La Carrera** (ahora Obispo Rey Redondo)**,** en la que se suceden casonas y palacetes de evidente traza nobiliaria, como la **casa de los Capitanes**, que destaca por su portada labrada en toba roja; acoge la Oficina de Turismo. Además de estos edificios históricos, la calle La Carrera es también un espacio comercial muy concurrido, con numerosos bares y cafés siempre ocupados por los estudiantes universitarios.

En la misma calle La Carrrera, aparece la **catedral de Nuestra Señora de los Remedios**. Aunque el origen del templo se remonta al siglo XVI, la fisonomía que muestra hoy el edificio corresponde a una profunda reconstrucción llevada a cabo a principios del siglo XX, por lo que su fachada combina el frontis neoclásico (del primer cuarto del siglo XIX) con unas trazas neogóticas en el resto. En su interior pueden verse algunas fascinantes aportaciones artísticas, como las pinturas flamencas del retablo de los Re-

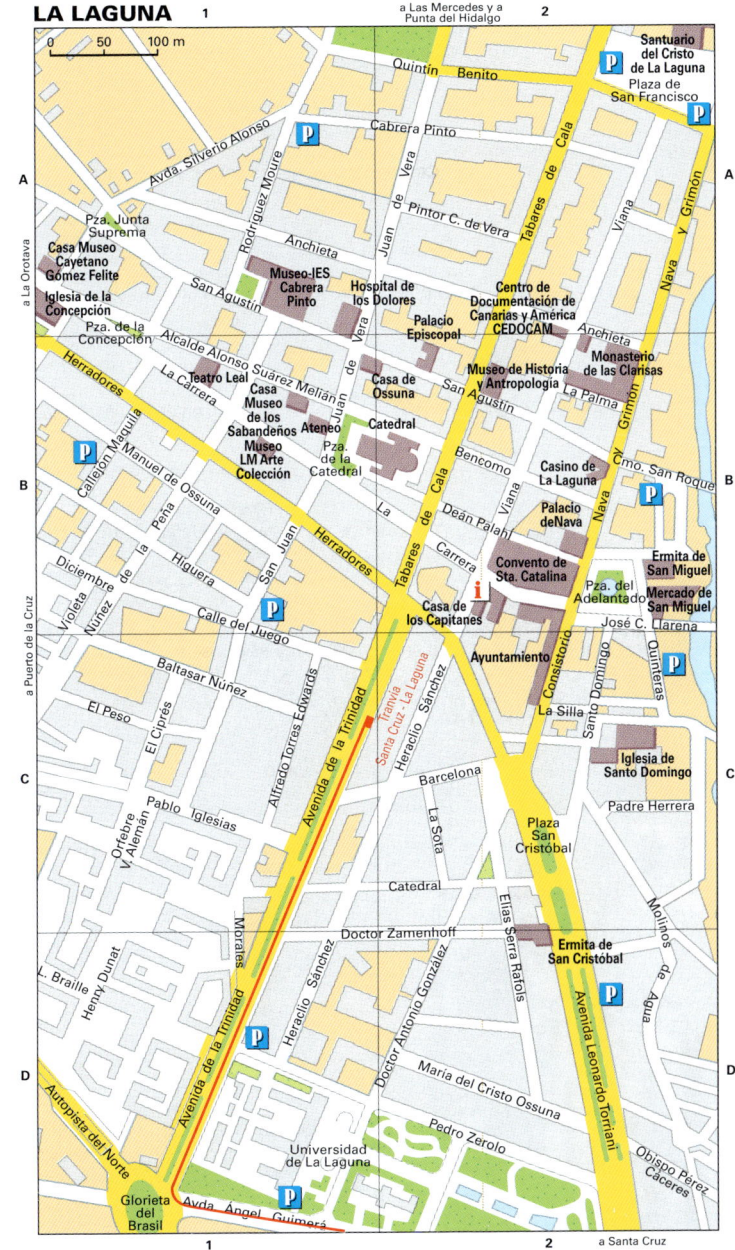

LA LAGUNA

⊙ B1
Ateneo

⊙ B1
Museo LM Arte Colección
✉ Obispo Rey Redondo, 32.
☎ 922 123 400.
🖥 https://lmartecoleccion.es

⊙ A1
Iglesia de la Concepción

⊙ A1
Casa Museo Cayetano Gómez Felipe
✉ Plaza de la Concepción, 13.
☎ 922 878 950.
🖥 https://casamuseocgf.com

medios, un púlpito tallado en mármol de Carrara o numerosas piezas de orfebrería.

Frente a la catedral, flanqueada por unas esbeltas palmeras, se halla el **Ateneo** (B1), fundado en 1904 y escenario privilegiado de la vida social y cultural de la isla durante décadas. Muy cerca se encuentra el **Museo LM Arte Colección**, colección privada de arte canario del siglo XVIII a nuestro días.

Más adelante se llega hasta la **iglesia de la Concepción**, cuyo origen se remonta a 1511. Su esbelta torre, de gran personalidad, es uno de los emblemas arquitectónicos de la ciudad; fue construida entre 1694 y 1697. En el interior del templo hay que fijarse en el espectacular púlpito tallado en madera.

En la misma plaza se encuentra la **Casa Museo Cayetano Gómez Felipe**, casa tradicional canaria con una magnífica colección de antigüedades.

Puede volverse atrás por la **calle de San Agustín,** otra vía repleta de casas con sabor colonial

y pequeños palacetes. Se verá en primer lugar el antiguo convento del Espíritu Santo, hoy sede del **Museo-IES Cabrera Pinto,** cuya fachada llama la atención por el esbelto campanario central y la típica balconada canaria. Muy cerca está el **hospital de los Dolores** (A1), uno de los edificios más antiguos de la isla (siglo XV), con un bello retablo mudéjar en su interior y una espadaña con campanil junto a su regia fachada.

Poco más adelante están la **Casa** museo **de Ossuna** (B1), que cuenta con una espléndida balconada canaria, y el **Palacio Episcopal** (o casa Salazar) (B2), que con anterioridad fue sede de la Sociedad Casino Lagunero, donde el insigne músico canario Teobaldo Power compuso su famosa suite *Cantos canarios*. La fachada de este edificio muestra una extraordinaria composición a modo de retablo. Y poco después se encuentran la casa Montañés y el palacio de Lercaro (siglo XVII), otra de las joyas de la arquitectura insular, que hoy alberga el **Museo de Historia y Antropología de Tenerife,** centrado en los cinco siglos de la conquista española y la **Fundación Cristino de Vera,** centro de arte contemporáneo. Cerca, en la calle Anchieta, 9, se ubica el **Centro de Documentación de Canarias y América (Cedocam)** (A2), con una interesante oferta cultural y exposiciones.

Fuera de su casco antiguo La Laguna ha crecido de forma poco ordenada, alterando completamente su urbanismo original. De su sector más moderno puede recomendarse especialmente una visita: el **Museo de la Ciencia y el Cosmos,** una didáctica exposición de ideas y experiencias científicas.

I POR EL MACIZO DE ANAGA ✱

Desde La Laguna parte la carretera TF-12 en dirección a la población de **Las Mercedes,** en un recorrido en el que se hallarán numerosos *guachinches,* restaurantes generalmente muy humildes en los que puede saborearse lo mejor de la cocina popular tinerfeña. Desde el cruce de Las Canteras, y ya como TF-12, el asfalto se adentra en el macizo de Anaga, la alineación montañosa que ocupa todo el extremo nororiental de la isla. El largo recorrido a través de este espacio natural protegido, declarado Reserva de la Biosfera, permite disfrutar de un excepcional bosque de laurisilva, uno de los ámbitos de mayor valor ecológico de la isla. Se trata de una densa formación boscosa con especies como el laurel, el fayal o el tejo, a la que se vinculan diversas especies de animales protegidos, un bosque que antaño cubría

• • • • • • • •

⏰ A1
Museo-IES Cabrera Pinto
✉ San Agustín, 48.
☎ 922 250 743.
🌐 www.museocabrerapinto.es
⏰ Al ser un IES en activo las visitas del público son sábado y domingo de 11 h a 14 h.
ℹ Un curioso museo que reúne el patrimonio científico de uno de los institutos más antiguos de España, con singulares piezas de finales del siglo XIX y principios del XX.

• • • • • • • •

⏰ B2
Museo de Historia y Antropología de Tenerife (MHA)
✉ San Agustín, 22.
☎ 922 825 949.
🌐 www.museosdetenerife.org
ℹ Ubicado en la **casa Lercaro,** ofrece a través de sus fondos, exposiciones y actividades, una completa presentación de la historia y la cultura de la isla de Tenerife. Tiene también otra sede en la **Casa de Carta,** en Valle de Guerra.

• • • • • • • •

⏰ f.p.
Museo de la Ciencia y el Cosmos (MCC)
✉ Avda. Los Menceyes, 70.
☎ 922 315 265.
🌐 www.museosdetenerife.org
⏰ De lunes a sábado de 9 h a 19 h. Domingo y festivo, de 10 h a 17 h.

◀ En la página anterior, patio de la casa de los Capitanes, catedral y calle del casco antiguo de La Laguna.

ⓘ Parque Rural de Anaga. Centro de Visitantes Cruz del Carmen
✉ Ctra. Las Mercedes, km 6.
☎ 922 633 576.
🕓 De lunes a domingo de 9.30 h a 16 h (a 15 h en verano).
🌐 https://reservabiosfera. tenerife.es

ⓘ Oficina de Turismo de Tegueste
✉ Plaza de San Marcos, 1.
☎ 922 316 102.
🌐 www.tegueste.es

las costas del Mediterráneo pero que hoy solo subsiste en Canarias. A lo largo del frondoso recorrido, sorprendente por su húmeda atmósfera, se han acondicionado diversos miradores, como el **mirador Cruz del Carmen** o el **mirador Pico del Inglés.**

Son 18 km de curvas hasta llegar a **Taganaga,** en la vertiente septentrional del macizo. Ubicado en un escarpado valle, este viejo núcleo de pescadores vive ajeno a la masificación turística. En su **iglesia de Nuestra Señora de las Nieves** (siglo XVI), se conserva un interesante tríptico flamenco. En su litoral asoman impresionantes acantilados, pero también algunas de las más bellas calas tinerfeñas, no excesivamente concurridas, como la *playa de Benijo* o la *playa de Santiago.* Este es uno de los rincones más espectaculares de la isla.

Debe volverse atrás, hasta Las Mercedes, para tomar de nuevo la TF-13 que se dirige a **Tegueste,** el único municipio tinerfeño sin salida al mar, enclavado al noroeste del macizo de Anaga. La población conserva algunos edificios históricos, como la **iglesia de San Marcos,** del siglo XVI y rehecha en el XVIII, o la **casa del Ilustrado Pereira,** en la plaza de San Marcos. También hay un Centro de Interpretación del patrimonio cultural, el de la **Casa de Los Zamorano.**

De todas formas, los principales atractivos de Tegueste hay que buscarlos en su entorno natural, en zonas como el espectacular barranco de Aguas de Dios, el parque de la Orilla o el área recreativa de la Quebrada, además del extraordinario bosque de laurisilva que asciende por las laderas del macizo de Anaga. Desde la oficina de turismo organizan recorridos guiados por todo el municipio.

| CAMINO DE TACORONTE

Muy cerca de Tegueste se encuentran las poblaciones de **El Socorro** y **Tejina.** La primera es conocida en la isla por los numerosos *guachinches,* en los que puede degustarse la peculiar gastronomía rural tinerfeña, con platos tan típicos como las costillas con papas. Desde Tejina, una carretera baja hasta el litoral, entre un paisaje eminentemente rural, dominado por las grandes extensiones de plataneras. En este sector de costa se encuentran los núcleos de Bajamar y **Punta del Hidalgo.** En **Bajamar** se

▲▼ Vista de un frondoso bosque de laurisilva y de la costa del macizo de Anaga.

Oficina de Turismo de Tacoronte

La Estación. Ctra. Gral. Tacoronte-Tejina, 2.

922 570 015.

www.tacoronte.es

Organizan visitas guiadas por el patrimonio arquitectónico y natural del municipio.

ha desarrollado una cierta infraestructura turística, aprovechando su piscina natural y su *playa de El Arenal.* Desde Bajamar a Punta Hidalgo la carretera va siguiendo la cornisa del acantilado litoral, ofreciendo excelentes panorámicas.

De nuevo en Tejina, una estrecha carretera local (TF-16) conecta esta población con **Tacoronte.** Esta localidad norteña, rodeada de un paisaje verde y húmedo, y de manifiesta tradición agrícola, presenta un urbanismo ciertamente desordenado, algo que suele desanimar a quienes se plantean visitarla. Sin embargo, merece la pena adentrase entre sus irregulares calles para ir a buscar algunas de las manifestaciones artísticas más interesantes de la isla.

En la arbolada plaza del Cristo se halla el **santuario del Cristo de los Dolores,** un antiguo convento de los padres agustinos construido en 1664 sobre la anterior ermita de San Sebastián, y que hoy alberga la Casa de Cultura. En su iglesia se encuentra la imagen del *Santísimo Cristo de los Dolores,* realizada en el siglo XVII, y de profunda devoción popular. El templo conserva, además, interesantes obras de orfebrería.

No muy lejos se halla la **iglesia** parroquial **de Santa Catalina Mártir,** una de las más bellas de Tenerife, con tres naves y un gracioso campanil. Fue construida como ermita en 1508 y ampliada en 1532. De su interior sobresalen un retablo barroco del siglo XVIII y diversas obras pictóricas y trabajos de orfebrería e imaginería.

En el entorno de la localidad se extiende una rica zona agrícola, en la que toma especial relevancia el cultivo de las viñas. La producción de vinos ha otorgado fama y carácter a la villa, a pesar de que el volumen obtenido es relativamente pequeño y su comercialización se centra esencialmente en la propia isla. En cualquier caso, la producción vitivinícola y el sector agrícola en general ocupan a un notable número de trabajadores, lo que ha permitido mantener un interesante equilibrio ante el desenfrenado auge del sector turístico en este sector norte de la isla. En consonancia con esta vocación agrícola, el edificio de **La Alhóndiga,** o antiguo granero comunal construido en el siglo XVII, es la construcción civil más emblemática de Tacoronte; actualmente se utiliza como centro cultural.

En el sector litoral del municipio los viñedos dejan su lugar al cultivo de "papas", plátanos y hortalizas. Aunque también hay algunas implantaciones turísticas, la costa de Tacoronte no ha sufrido una excesiva invasión del cemento.

El litoral es esencialmente rocoso, incluso con algunos acantilados de considerable altura, pero también hay sitio para las pequeñas playas en las desembocaduras de los barrancos. Resulta muy agradable descender entre los verdes cultivos hasta la *playa del Pris.* Su pequeño caserío de pescadores ha sido tradicionalmente lugar de veraneo de las gentes de la comarca. No muy lejos se construyó la urbanización turística **Mesa del Mar,** con una amplia oferta hotelera y de restaurantes. En el *barranco de Agua García,* uno de los más profundos, se halla el *bosque de la Madre del Agua,* un sorprendente paraje de bosque de laurisilva que fue declarado Paisaje Protegido en 1994, Hay dos recorridos permitidos: el sendero accesible y la ruta de los Guardianes centenarios.

❙ EL SAUZAL

Siguiendo por la TF-152, poco después de Tacoronte, se halla el núcleo de **El Sauzal.** El disperso caserío queda elevado a 325 metros de altitud, como un balcón asomado a un amplio sector de la costa norte y al Teide. Su valor arquitectónico más destacable reside en la **iglesia de San Pedro Apóstol,** situada en Punta del Sauzal, en cuyo interior hay un museo que conserva una valiosa colección de pinturas y un interesante tabernáculo de plata en el altar mayor. En la **plaza de los Príncipes de España** es donde se encuentran las mejores muestras de la vieja arquitectura canaria, que con sus floreados balcones conforman un conjunto realmente vistoso. También el **Ayuntamiento** y la **Casa de Cultura** son buenos

❙ Centro de Información Patrimonial de Agua García
✉ Madre del Agua s/n (junto a la Casa Forestal de Tacoronte).
☎ 922 584 560.

Museo de Arte Sacro
✉ Plaza de san Pedro, s/n. El Sauzal.
☎ 922 561 352.
🕐 Horario de la iglesia: todos los días de 10.30 h a 13 h y de 16 h a 19 h.
🌐 www.elsauzal.es
◎ Gratuito.

▼ Iglesia de San Pedro Apóstol en El Sauzal.

La Casa del Vino de Tenerife

✉ San Simón, 49. Finca
La Baranda. El Sauzal.

☎ 922 572 535.

🖥 www.casadelvino
tenerife.com

🕐 Tienda, degustación y
museos: de martes a
sábados de 10 h a 20 h.
Restaurante y terraza: de
martes a viernes de 12 h a
22 h, sábado de 10.30 h a
22 h, domingo y festivos de
10.30 h a 19 h.

🍷 Catas de vino. Vinoteca y
tienda. Museo, restaurante
y tasca.

**Centro de Visitantes
de la Miel de Tenerife**

✉ San Simón, 51. Finca
La Baranda. El Sauzal.

☎ 922 572 535.

🖥 www.casadelvino
tenerife.com

🍷 Cuenta con un museo
donde se explica el proceso
de elaboración de las mieles
locales y la historia de la
actividad apícola en la isla.

▼ La Matanza de Acentejo.

ejemplos de esta arquitectura tradicional canaria que tan gratamente sorprende al visitante. En El Sauzal hay que pasear por sus dos magníficos jardines, verdaderos espectáculos florales: el **Jardín Botánico de Las Tosquillas**, donde pueden verse más de 50 especies de palmeras, y el **parque de Los Lavaderos.**

Delimitado por profundos barrancos, el entorno de la población es una auténtica alfombra verde que denota la importancia agrícola de la zona, perteneciente a la comarca vinícola de Tacoronte-Acentejo. Y entre este paisaje agrícola aparecen algunos típicos caseríos de marcado acento rural, como Aldehuelas de los Ángeles, El Riego o La Breña. Junto al km 21 de la autovia TF-6 se encuentra la Finca La Baranda, donde abren sus puertas la **Casa del Vino** y el **Centro de Visitantes de la Miel** de Tenerife, que ocupan una vieja hacienda canaria del siglo XVII, y que está destinado a la promoción de los vinos tinerfeños.

En la fachada marítima del municipio escasean las playas, pero, en cambio, pueden hallarse diversos *guachinches* en los que degustar pescado fresco. Las de *El Cangrejillo* y *El Puertito* son las únicas *playas*, mientras que el **mirador de la Garañona** es una buena opción para contemplar los salvajes acantilados de este sector del litoral norteño.

DE LA MATANZA DE ACENTEJO A SANTA ÚRSULA

Desde El Sauzal debe tomarse la autovía durante un breve tramo para llegar hasta **La Matanza de Acentejo.** El curioso nombre de este municipio se debe a la encarnizada batalla en la que los guanches lograron repeler la invasión castellana, en memoria de la cual se levantó posteriormente la **ermita de San Antonio Abad.** Como en El Sauzal, gran parte del encanto de esta población debe buscarse en su entorno natural: el *área recreativa de La Vica,* en la zona más alta del municipio, ofrece unas vistas inmejorables del norte de la isla, y en el paisaje protegido de *Las Lagunetas,* también en la zona alta, puede disfrutarse de una densa masa forestal de pino canario, mientras que en *El Codezal* el bosque es del característico fayal-brezal. Además, en el paraje de *Los Nateros,* en las medianías, se han creado dos circuitos biosaludables.

A pocos kilómetros de La Matanza se halla **La Victoria de Acentejo,** cuyo topónimo responde esta vez a la victoria de los castellanos sobre los guanches. En conmemoración de aquel hecho bélico se levantó la **iglesia de la Reina de los Ángeles,**

Plantación de plataneras en la fértil costa norte de la isla.

que contiene un artesonado mudéjar y varios retablos barrocos de notable valor artístico. Junto al templo puede verse un pino centenario que aún continúa señalando el lugar de la batalla entre guanches y castellanos.

Santa Úrsula es la siguiente población que se hallará. Es también un núcleo en que las modernas edificaciones residenciales han desdibujado en gran medida su antiguo carácter rural. Una vez más, su elemento más destacable es la **iglesia**, levantada en 1628. También debe recordarse que Santa Úrsula conserva la tradición de los trabajos artesanos con hojas de palmera, con las que se realizan esteras, sombreros y otros productos. Las medianías y la zona alta son perfectas para la práctica de senderismo.

Ayuntamiento de Santa Úrsula
Ctra. de España, 2.
922 301 640.
www.santaursula.es

Oficina de Turismo de La Orotava
Calle Carrera Escultor Estévez, 5.
922 323 041.
www.laorotava.es

I LA OROTAVA ✱✱

Siguiendo por la vieja TF-21, siempre más atractiva que la autovía, se cruzará el **puente del Rey,** que debe su nombre al monarca Alfonso XIII: en su visita a la isla consideró excesiva la dificultad para salvar el profundo barranco y ofreció la suma de 90 000 pesetas para levantar el puente. A partir de allí se entra en el valle de la Orotava, y aparece el cruce hacia la población de **La Orotava.**

Desde que el famoso viajero y geógrafo alemán Alexander von Humboldt exaltara la belleza del valle de la Orotava, poco ha cambiado, y esta zona sigue siendo una de las más espectaculares de Tenerife. El amplio valle desciende por las laderas del Teide hasta el litoral del Atlántico, al norte de la isla, y su clima húmedo le otorga una cubierta vegetal exuberante, de un verdor intenso salpicado por los vivos colores de su riqueza florística. Estas condiciones climáticas explican también que la zona se haya convertido en uno de los sectores de mayor

▼ Calle del casco histórico de La Orotava.

desarrollo agrícola en Tenerife, de forma que las plataneras son protagonistas fundamentales en el tapiz verde que recubre el valle. El conjunto es el paradigma del paisaje bucólico, del jardín natural. En su sector litoral se halla la población de Puerto de la Cruz, cuyo origen como pequeño núcleo de pescadores queda hoy desdibujado por la implantación un tanto abusiva de infraestructuras turísticas. Sin embargo, el resto del valle conserva perfectamente sus paisajes naturales y su arquitectura tradicional.

La villa de La Orotava fue fundada en 1648, y hoy es un fascinante compendio de arquitectura nobiliaria y religiosa, completado con la presencia de unos espacios ajardinados envidiables. La avenida de las Araucarias da la bienvenida al visitante y le conduce al centro urbano. Se llega a la plaza de la Paz, donde se encuentra la **ermita del Calvario,** un edificio neogótico, de principios del siglo XX. Poco más adelante aparece la **iglesia de San Agustín,** del siglo XVIII y evidente factura barroca. Muy cerca se abre la **plaza de la Constitución,** uno de los espacios más vitales de La Orotava, repleto de flores y con una frondosa arboleda que se extiende a través del tangente **Jardín Victoria** o **del Marquesado de la Quinta Roja.** El otro impresionante espacio ajardinado de La Orotava es el parque **La Hijuela del**

Botánico (detrás del Ayuntamiento), creado en el siglo XVIII y en el que conviven cerca de 3000 especies distintas, muchas de ellas de orígenes exóticos. Todo este ambiente floral que el visitante percibe constantemente en La Orotava tiene su expresión festiva en el día de Corpus Christi, cuando el pavimento de las principales calles queda enmoquetado por grandes alfombras de flores.

Junto a los Jardines de Franchy se encuentra el **Centro de Visitantes del Parque Nacional del Teide "Telesforo Bravo".** Más arriba, en la calle Tomás Pérez se halla el edificio dieciochesco del antiguo casino, que hoy alberga el **archivo y biblioteca municipal,** y a través de esta misma calle se baja hasta la **iglesia de Nuestra Señora de la Concepción,** el principal elemento patrimonial de La Orotava. Es una obra del siglo XVIII, de manifiesto estilo barroco canario. En su interior conserva valiosas tallas y trabajos de orfebrería.

Subiendo por la calle Doctor Domingo se verá el viejo **molino de la Máquina,** uno de los escasos molinos de agua que aún se conservan en la villa. Ya en la parte alta de la población pueden visitarse la **iglesia de San Juan Bautista,** del siglo XVIII, con cúpula piramidal, y la **iglesia de la Santísima Trinidad,** del XIX. La plaza del Farrobo, junto al templo

Centro de Interpretación del Arte Efímero de las Alfombras de La Orotava
- ✉ San Francisco, 5.
- 🖱 www.laorotava.es
- 🕐 De lunes a viernes, de 10 h a 14 h.
- 💳 2 €.

ℹ Centro de Visitantes del Parque Nacional del Teide "Telesforo Bravo"
- ✉ Doctor Sixto Perera González, 25. El Mayorazgo (La Orotava).
- ☎ 922 922 371.
- 🖱 www.webtenerife.com www.miteco.gob.es
- 🕐 De lunes a viernes de 9 h a 14 h.

Casa de los Balcones
- ✉ San Francisco, 3.
- ☎ 922 330 629.
- 🖱 https://casa-balcones.com
- 🕐 De lunes a domingo, de 8.30 h a 19 h.
- ℹ Casa abalconada de 1632 con señoriales balcones en una majestuosa fachada. Alrededor de su precioso patio interior de maderas talladas se dispone un museo de usos y costumbres locales. Tienda con gran variedad de productos de la artesanía popular (calados, bordados, cerámicas, trajes típicos y recuerdos) y gastronómicos (vino, mojo, licor, ron, miel de palma, repostería, puros…).

◄ Jardines del Marquesado de la Quinta Roja, en La Orotava.

Origen de las alfombras de flores de La Orotava

Las inmensas y famosísimas alfombras de flores, que alcanzan superficies de hasta 3000 m², se realizan en las principales calles para magnificar la celebración del Corpus Christi. Son de una técnica y belleza plástica reconocidas internacionalmente. Estos tapices florales se remontan al año 1847, gracias a la feliz iniciativa de doña Leonor del Castillo de Monteverde, quien compuso uno delante de su palacete de la calle del Colegio para dar su bienvenida a la procesión. Desde entonces, estas bellísimas obras de arte han sido la inspiración de otros pueblos isleños, tanto de Tenerife como de Gran Canaria y La Palma. Pero, tal es la especialización y los recursos materiales de La Orotava, que no encuentran superación en ningún otro sitio.

de San Juan Bautista, constituye un mirador excepcional sobre buena parte del valle. Pero, aparte de estas construcciones religiosas, la villa de Arriba concentra el conjunto de las casas más antiguas de la población, un núcleo evocador de la época fundacional de La Orotava, con sus calles adoquinadas y con viejas casonas coloniales de bellos balcones canarios. El núcleo conocido como las **Doce Casas**, en la calle San Francisco, constituye la más espectacular expresión de este sector histórico. Allí se encuentra la famosa **Casa de los Balcones,** sin duda la más vistosa del conjunto.

De La Orotava debe citarse su tradición en el trabajo artesanal de bordados y calados, que el visitante podrá hallar en diversos establecimientos y en el **Museo de Artesanía Iberoamericana de Tenerife (MAIT).**

Por la TF-312 en apenas 8 km alcanzaremos el Puerto de la Cruz, donde da comienzo nuestro siguiente itinerario por el norte de la isla.

· · · · · · · ·

Museo de Artesanía Iberoamericana de Tenerife (MAIT)

✉ Convento de Santo Domingo. Tomás Zerolo, 34.

☎ 922 321 746.

🌐 www.webtenerife.com

📍 Exposición permanente con todas las artesanías iberoamericanas, tanto actuales como desaparecidas, con especial incidencia en la canaria.

Tenerife norte, II.
Desde Puerto de la Cruz a Santiago del Teide

Puerto de la Cruz se instala en la fachada marítima del valle de la Orotava y ha sido históricamente su salida hacia el Atlántico. De hecho, su primer nombre fue el de Puerto de la Villa de La Orotava, y no obtuvo la independencia municipal hasta 1648. Su vieja vocación de villa marinera y pescadora aún se percibe perfectamente en algunos rincones de la población, aunque Puerto de la Cruz se ha desarrollado en las últimas décadas como el principal núcleo turístico de la zona norte de Tenerife. Sin duda, esta ubicación norteña, con un clima fresco y lluvioso, supone una dificultad para competir ante el soleado clima del sur insular, pero ello queda indiscutiblemente compensado por la belleza de sus parajes y la exuberante vegetación del entorno. Otro problema que ha debido superar es la escasez de playas naturales, algo que Puerto de la Cruz ha solucionado con éxito mediante la construcción del famoso Lago Martiánez o de Playa Jardín.

▼ Playa Jardín, en Puerto de la Cruz.

🛈 Oficina del Cabildo (La Casa de la Aduana)
✉ Las Lonjas, s/n.
☎ 922 386 000.
🖥 http://visitpuertodelacruz.es

🛈 Centro de Iniciativas y Turismo
✉ Puerto Viejo, 13
☎ 922 388 777.
🖥 https://citpuertodelacruz.com

🕐 A4
Complejo Costa Martiánez
✉ Avda. Cristóbal Colón, s/n.
☎ 922 385 955.
🖥 https://lagomartianez.es

PUERTO DE LA CRUZ ✱

La primera imagen que obtiene el visitante cuando desciende hacia la población es la de una típica concentración de grandes plantas hoteleras, de apartamentos y de infraestructuras turísticas. Sin embargo, escondido entre los grandes edificios de moderna construcción, el casco histórico de Puerto de la Cruz guarda numerosos puntos de interés histórico.

Una visita a la población puede iniciarse en su extremo oriental, frente a la *playa de Martiánez,* de arena negra. En esta zona es donde tuvo su origen la actividad turística de la villa, en 1866, con la puesta en marcha del sanatorium de los llanos de Martiánez y la inauguración del viejo hotel Martiánez. Mucho más tarde el artista lanzaroteño César Manrique fue el encargado de diseñar el **Lago Martiánez,** un conjunto de piscinas y soláriums que se ha convertido en el principal argumento de la creciente demanda turística de Puerto de la Cruz.

En el extremo de las instalaciones del Lago Martiánez se halla la plaza de los Reyes Católicos, desde

PUERTO DE LA CRUZ

OCÉANO ATLÁNTICO

Puerto Pesquero

A

Parque Marítimo Municipal

🅿

🛈 Lc

Santo

Mequínez

Museo Arqueológico

Pza. Pérez Galdós

Carriño

La Calle

Teodobaldo Lomo

del

San

Felipe

Plaza del Charco

San Juan

Calle

Pérez

Iglesia de San Francisco

La Peninte

Villanueva

Felipe

Maretas

Mequínez

San

Estadio El Peñón

Piscinas Municipales

Paseo Luis Lavaggi

Dr. Madan

Puerto

Viejo

Mazaróco

Peñón

🛈

Zamora

Doctor

Ingram

Nieves

Blanco

Plaza Concej

B

Castillo de San Felipe

Av. Melchor Luz

A. Espinosa

Álvarez Aixo

del

Pozo

Calle

Cupido

Ravelo

🅿

Valc

Cementerio San Carlos

Estación de Guaguas

a La Orotava

donde arranca el **paseo de San Telmo,** una gran avenida comercial, siempre repleta de gente, que discurre en paralelo al litoral. Contrasta con el carácter turístico y comercial de la avenida la pequeña **ermita de San Telmo,** al inicio del paseo; es una construcción de 1870 que se encarga de recordar los orígenes marineros de la villa. La *playa de San Telmo* (A3) cuenta con un pequeño embarcadero jalonado de charcos naturales muy concurridos por los portuenses. En la confluencia del paseo de San Telmo con la calle Santo Domingo se abre el **mirador de la Punta del Viento,** perfecto para contemplar la inmensidad del Atlántico. Continuando por Santo Domingo se llega al **Ayuntamiento,** un edificio contemporáneo de estilo canario.

Frente al Ayuntamiento se abre un amplio espacio empedrado: la **plaza de Europa,** diseñada en forma de fortaleza balconada sobre el mar. En un lado de la plaza se halla la **casa Miranda,** magnífico ejemplo de la arquitectura civil canaria del siglo XVIII. Junto a ella se inicia la pintoresca **calle**

A3
Ermita de San Telmo
Playa de San Telmo
Ayuntamiento

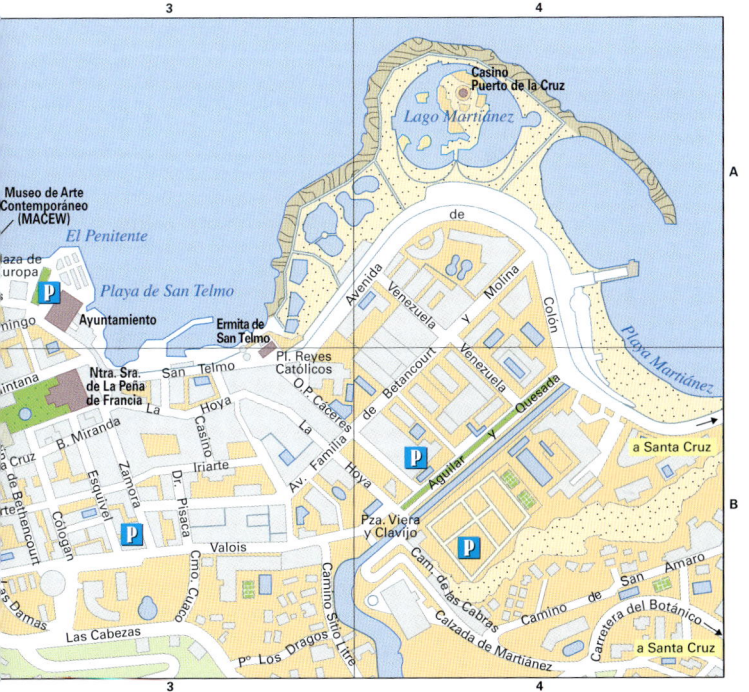

● ● ● ● ● ● ● ● ●

🕐 **A2**
Museo de Arte Contemporáneo Eduardo Westerdahl (MACEW)
✉ Casa de la Aduana. Las Lonjas, s/n (junto al muelle pesquero).
☎ 922 381 490.
🌐 http://www.iehcan.com/inicio/macew/
🕐 De lunes a sábado, de 10 h a 14 h.

● ● ● ● ● ● ● ● ●

🕐 **B2**
Museo Arqueológico
✉ El Lomo, 9A.
☎ 922 371 465.
🌐 https://culturapuertodelacruz.com
🕐 De lunes a viernes de 9 h a 15 h.
ℹ Ubicado en una casona del siglo XIX, cuenta con una interesante colección de cerámica aborigen, restos momificados de guanches y mapas antiguos, entre otras curiosas colecciones.

● ● ● ● ● ● ● ● ●

🕐 **B2**
Iglesia de San Francisco

● ● ● ● ● ● ● ● ●

🕐 **B3**
Iglesia de Nuestra Señora de la Peña de Francia

de las Lonjas, reservada a los peatones, que aún conserva el adoquinado que antaño fuera propio de toda la población, así como buenos ejemplos de arquitectura tradicional canaria. Al final de esta calle aparece la **Casa de la Real Aduana,** fundada en 1620, en cuyo interior se encuentra el **Museo de Arte Contemporáneo Eduardo Westerdahl.** Este es el extremo del **viejo puerto,** hoy un pequeño muelle pesquero pero que durante los siglos XVII y XVIII llegó a adquirir gran importancia para la isla; en esos siglos el ochenta por ciento de las exportaciones tinerfeñas salían desde esta población portuaria, por lo que en 1648 Felipe IV le otorgó el singular título de *Llave de la isla.*

Subiendo desde el puerto por la breve calle de La Marina se desemboca en la **plaza del Charco,** con impresionantes laureles de indias y palmeras, y con una bellísima fuente central; es este uno de los espacios más agradables de toda la población. No muy lejos se encuentra el **Museo Arqueológico,** emplazado en una casona canaria del siglo XIX. De la plaza del Charco puede salirse por la calle Blanco, con buenos ejemplos de casas canarias, que lleva hasta el curioso **torreón de Ventoso,** integrado en un conjunto arquitectónico del siglo XVIII muy bien conservado, testimonio del esplendor que vivió el Puerto de la Cruz durante esa época.

Volviendo atrás por la calle San Juan se llega a la pequeña plaza Concejil; en una de sus esquinas está la **casa Iriarte,** donde nacieron los hermanos Iriarte, destacadas figuras de la ilustración española. Casi al final de la calle San Juan se verá la **iglesia de San Francisco,** construida en 1599 (es el edificio más antiguo de la población) y que muestra diversos estilos arquitectónicos. Desde esta iglesia puede tomarse la calle Quintana, donde se halla el **hotel Marquesa,** que a finales del siglo XVIII sirvió de alojamiento al naturalista alemán Alexander von Humboldt. La misma calle lleva hasta la plaza de la **iglesia de Nuestra Señora de la Peña de Francia** (B3), levantada a partir de 1684 y cuyo interior esconde un importante legado artístico, entre el que destacan diversos lienzos de Luís de la Cruz y Manuel de la Cruz, así como una gran talla del *Señor del Gran Poder,* del siglo XVIII.

Hacia el oeste del casco antiguo se extiende el **barrio pesquero de La Ranilla.** Aquí no hay grandes edificios monumentales, pero sí magníficos ejemplos de arquitectura popular canaria, por lo que vale la pena recorrer sus estrechas calles. Además, en esta zona pueden encontrarse algunas de las

▲ Lago Martiánez, en Puerto de la Cruz.

mejores tascas para degustar los productos del mar a buen precio. En su extremo, junto a la línea de costa, se encuentra el **castillo de San Felipe,** una de las pocas fortalezas del siglo XVII que quedan en la isla. A partir de ese punto se extiende el complejo de **Playa Jardín,** diseñado por César Manrique y compuesto por Playa Jardín, Playa Chica y Punta Brava. Muy cerca queda el conocido **Loro Parque.**

Finalmente, una visita a Puerto de la Cruz debe incluir el **Jardín Botánico,** en la salida de la ciudad hacia La Orotava, que tiene su origen en 1788 y que ofrece una muestra excepcional de flora autóctona canaria y del mundo.

LOS REALEJOS

La siguiente etapa de este itinerario cubre el trecho que nos separa de **Los Realejos,** uno de los primeros asentamientos castellanos en la isla. Puede visitarse aquí la **iglesia del Realejo Alto,** mandada construir por el conquistador Fernández de Lugo. A sus descendientes perteneció la **hacienda de los Príncipes,** una casona solariega que puede verse en el Realejo Bajo.

Al dejar atrás Los Realejos puede irse por la TF-6, carretera que discurre junto a la costa, en la que se abren algunos miradores con excelentes panorámicas sobre este sector del litoral. Es un litoral acantilado, pero entre las rocas se descubren pequeñas calas de arena negra donde puede tomarse un baño, como en la de *La Fajana,* frente al roque del Camello y el paisaje protegido de la Rambla de Castro. Hasta Icod de los Vinos, la principal población que aparece junto a la costa es **San Juan de la**

🕓 B1
Castillo de San Felipe

🕓 f.p. B4
**Jardín Botánico
o de Aclimatación
de La Orotava**
✉ Calle Retama, 2.
☎ 922 922 978.
🌐 www.webtenerife.com
🕓 De 9 h a 18 h.
🎫 Entrada general: 3 €.

🏢 **Oficina de Turismo
de Los Realejos**
✉ Plaza de la Unión, s/n.
☎ 922 346 181.
🌐 https://losrealejos.es

Rambla, cuyo blanco caserío ofrece una fotogénica estampa en contraste con el azul del Atlántico. Este es un característico núcleo de pescadores que conserva algunos rincones de gran tipismo, con vistosos balcones canarios.

ICOD DE LOS VINOS ✳

En Icod de los Vinos la parada debe ser pausada: es una de las poblaciones tinerfeñas donde mejor puede conocerse la arquitectura colonial y descubrir evocadores rincones. Esta población del norte de la isla ha sabido resistir al desenfreno urbanístico que ha experimentado el litoral tinerfeño y, a pesar de su dinamismo comercial, mantiene la belleza de su blanco caserío y de su legado histórico-monumental.

Emplazada a los pies del Teide, el nombre de la villa evoca la excelencia del valle para la agricultura, y especialmente para el cultivo de viñedos, origen de los vinos blancos que se obtienen en sus bodegas.

La población fue fundada en 1501 por Carlos V, y en 1622 fueron plantadas aquí las primeras papas de Canarias, traídas de la América andina. El paisaje que rodea la villa es excepcional. Al fondo aparece majestuoso el Teide, y por toda su empinada ladera se extiende un inmenso pinar de pino canario que alcanza hasta las primeras casas de Icod. De hecho, la propia población ha crecido sobre una pendiente impresionante.

La irregular calle de San Miguel ejerce de eje fundamental para recorrer la villa. Casi al final de ella se abre la plaza de León Huerta, con la Casa Consistorial

ℹ Oficina de Turismo en Icod de Los Vinos
✉ Plaza La Constitución, 1 (Casa de Lorenzo Cáceres).
☎ 922 812 123.

y la **iglesia de San Agustín,** en cuyo interior puede verse un rico artesonado mudéjar. En los alrededores de la plaza asoman también numerosas **casonas señoriales,** de robustas fachadas y típicos balcones canarios, como el palacio de los Marqueses de Santa Lucía o la casa de los Fleyta. Por la calle San Sebastián se llega hasta la arbolada plaza de Lorenzo Cáceres. En este concurrido espacio se levanta la **iglesia de San Marcos,** un templo de pintoresco perfil que muestra diversos estilos arquitectónicos, desde su portada principal renacentista hasta el gótico de la torre o la decoración mudéjar del interior. En el templo y en el anejo **Museo de Arte Sacro** se exponen valiosas obras de arte religioso, como el retablo de las Ánimas (siglo XVIII), el cuadro de *Santa Ana,* de Murillo, o la escultura de *San Marcos Evangelista,* de la escuela flamenca del siglo XV.

Desde la propia plaza de Lorenzo Cáceres se contempla el **parque del Drago.** Allí se encuentra el legendario **drago** de Icod, símbolo no solo de la población, sino de toda la isla. Se trata de un ejemplar antiquísimo (se le atribuyen unos 800 años de vida) de esta especie endémica de Canarias.

Muy cerca se encuentra la **plaza de la Pila,** que recibe su nombre de la gran fuente de piedra que la preside, y que para muchos es la más bella y típica de toda la isla. En ella se halla el **palacio de Lorenzo Cáceres,** además de otras diversas viviendas tradicionales y **casonas coloniales,** con los singulares balcones isleños, que configuran un conjunto arquitectónico extraordinario.

Museo de Arte Sacro
✉ Iglesia de San Marcos. Parque Lorenzo Cáceres, s/n.
☎ 922 810 695.
🖥 www.webtenerife.com

Parque del Drago
✉ Pza. de la Constitución, 1 (Casa de los Cáceres).
☎ 922 815 685.
🖥 www.webtenerife.com
🕓 De abril a septiembre, de 9 h a 20 h. De octubre a marzo, de 10 h a 18 h.
🎟 Entrada general: 5 €.

◀ Vista de Icod de los Vinos.

▲ Vista de Garachico.

Cueva del Viento

✉ Los Piquetes, 51. Icod de los Vinos.

☎ 922 474 380.

🖥 https://cuevadelviento.net

🕐 Centro de visitantes: todos los días de 9 h a 16 h. Cueva del Viento: visitas guiadas (horarios disponibles en la página de reservas), compra anticipada.

💰 Precio: 20 €.

🏢 **Oficina de Turismo en Garachico**

✉ Avda. República de Venezuela, s/n.

☎ 922 133 461.

🖥 http://turismo.garachico.es

En la parte alta del casco antiguo se levanta el **convento del Espíritu Santo** (siglo XVIII), con su iglesia de San Francisco y con un magnífico **claustro,** que se considera una de las mejores representaciones canarias de arquitectura claustral.

A 3 km del casco antiguo, siguiendo el camino de Los Piquetes, se llega al centro de visitantes de la *Cueva del Viento:* es el mayor tubo volcánico de Europa y se puede visitar. En el litoral destaca la *playa de San Marcos* y, siguiendo la TF-42 hacia Garachico, la *playa* y el mirador *del Guincho.*

GARACHICO

La TF-42, sobrepasando algunos túneles, lleva hasta Garachico, la otra gran joya de la arquitectura tinerfeña. Emplazado en un espectacular sector de la costa, Garachico se muestra como un compendio perfectamente conservado de arquitectura tradicional y monumental, repleto de referencias históricas.

La población de Garachico queda encajonada en un pequeño espacio entre el relieve volcánico y el mar, al norte de la isla. El paraje es realmente fascinante, pero Garachico ha tenido que pagar un elevado precio por instalarse allí: en 1706 el *volcán Montaña Roja,* que se eleva a su espalda, entró en erupción, y los ríos de lava llegaron a sepultar la población casi por completo.

A pesar de tal desastre, la villa renació con brillantez, y hoy Garachico es uno de los pueblos más bellos de todo el archipiélago, con un legado monumental especialmente bien cuidado, pulcro y mimado, como si sus habitantes temieran perder-

El drago, un árbol sagrado

"Hay un árbol que llaman drago, grande y de pocas ramas, al cabo de las cuales echa cinco o seis hojas, poco más gruesas y largas que de cañas; por dentro no tiene corazón, su madera es fofa y liviana, y así sirve para colmenas y hacer rodelas. La resina que este árbol cría se llama sangre de drago y es para medicinas muy buena, y para sellar cartas y encarnar las encías de los dientes". Así describía este totémico árbol el dominico fray Alonso de Espinosa, nacido en Alcalá de Henares en 1543.

El drago fue más que un árbol para los habitantes prehispánicos. Su floración era tenida como augurio de años fértiles para la agricultura, organizándose en su honor festejos muy especiales. Aunque sus usos en medicina se han ido relegando, los guanches hacían de su "sangre", la savia del tronco, varios productos farmacéuticos. Esta especie botánica que tanto identifica a la flora isleña solo se daba en Tenerife, Gran Canaria y La Palma, así como en la isla portuguesa de Puerto Santo, habiéndose aclimatado con los años en el resto del archipiélago, Europa y América. Digamos, además, que los dragos más antiguos y voluminosos de la isla de Tenerife, aparte de este milenario ejemplar de Icod, se encuentran en las localidades de Tacoronte, Los Realejos y Geneto. En este barrio lagunero existe un ejemplar milenario en la finca El Drago. Debemos recordar, por último, que hasta 1810, año en que sucumbió bajo los efectos de un terrible vendaval, había otro aún mayor que se encontraba en el Jardín de Franchy, en la villa de La Orotava, cuya circunferencia, a fuer de lo que dejó escrito el ilustre historiador Viera y Clavijo, medía más de 25 palmos y que "entre los gajos de cuya copa hay una mesa con asientos para catorce personas". En Canarias existe un buen número de dragos centenarios, alguno de ellos sobrepasa los siete siglos de vida. ¡Qué no daríamos porque ejercieran como testigos parlantes de la historia, especialmente de la ensombrecida época prehispánica! ¿Qué secretos no nos desvelarían del idioma, leyes, culinaria, religión, medicina, momificaciones y tantas otras peculiaridades de aquellos pobladores aborígenes?

lo otra vez. Fruto de ello la población ha recibido numerosos premios.

Fundado en 1496 por el banquero Genovés Cristóbal de Ponte, hasta el siglo XVII Garachico contó con el principal puerto de mercancías de Tenerife; desde allí se embarcaban los vinos y el azúcar de caña que producía la isla. Hoy solo cuenta con un modesto puerto de pescadores enfrentado al Atlántico con escasa protección. El litoral de la zona es rocoso y acantilado, con pequeñas calas de arena, y quizá por ello el desarrollo urbanístico relacionado con el turismo ha sido muy moderado. La villa sigue siendo un lugar amable y sorprendentemente tranquilo. A pesar de ello, Garachico es la principal referencia turística de todo el sector conocido como

la Isla Baja, que corresponde al extremo más noroccidental de Tenerife, y que cuenta con 6 kilómetros de costa con fantásticas calas de arena negra.

La **iglesia de Santa Ana** (del siglo XVI y reconstruida en 1715) es el más representativo edificio religioso de la población, y uno de los más bellos de la isla. Mezcla de estilos renacentista y plateresco, en el interior conserva una rica decoración mudéjar.

Otros interesantes edificios religiosos son el **convento de San Francisco de Asís,** del siglo XVI, el **convento de Santo Domingo de Guzmán,** del XVII, que luce una espectacular balconada en una de sus fachadas, la **ermita de Nuestra Señora de los Reyes** o la **ermita de San Roque** (1739), con un magnífico púlpito de formas barrocas.

Además de estos edificios religiosos, Garachico cuenta con un pintoresco conjunto de grandes casonas señoriales de aspecto colonial. La **casa de Piedra,** el **palacio de los Condes de La Gomera,** la **casa Ponte,** el **palacete de El Lamero** o la **casa de los Villafuerte,** con unos vistosos balcones de madera, son algunos de los mejores ejemplos. Junto a esta arquitectura nobiliaria se suceden las típicas casas canarias de blanca fachada y balcones repletos de flores, entre estrechas y retorcidas calles, que hacen de Garachico un conjunto urbano de una belleza excepcional. Junto al puerto se halla el **castillo de San Miguel,** construido en 1571 para defenderse de las continuas incursiones corsarias en los siglos XVI y XVII.

La visita a la población puede completarse con el **Museo de Arte Contemporáneo,** de notable interés, situado en la plaza de Santo Domingo. Junto al puerto se encuentran las piscinas naturales de *El Caletón,* provocadas por la erupción del volcán Trevejo en 1706, singular espacio que completa la oferta de las *playas* de *La Bahía* y del *Roque de La Caleta.* Destaca también la escultura *Tensei Tenmoku* (Puerta sin puerta), del japonés Kan Yasuda, situada en el muelle frente al mirador del Emigrante.

⏐ DESDE BUENAVISTA HASTA SANTIAGO DEL TEIDE
Siguiendo hacia el oeste, la TF-42 lleva primero hasta **Los Silos,** cuyo centro histórico merece un sosegado paseo. En la plaza de la Luz está el **Centro de Visitantes.** Destacan la **iglesia de Nuestra Señora de la Luz,** del siglo XVI, y el **convento de San Sebastián,** declarado monumento histórico artístico.

La carretera costera continúa después hasta **Buenavista del Norte,** el último pueblo norteño. Aun-

Castillo Fortaleza de San Miguel
✉ Avenida Tomé Cano.
☎ 922 830 000.
🖥 http://turismo.garachico.es

Museo de Arte Contemporáneo
✉ Santo Domingo, 1.
☎ 922 830 000 (Ayuntamiento).
🖥 http://turismo.garachico.es

ℹ Centro de Visitantes Los Silos
✉ Pza. Ntra. Sra. de La Luz, 9.
☎ 922 841 086.
🖥 www.lossilos.es
🕐 De lunes a sábado de 8.45 h a 15 h.

Piscinas naturales y charcas

Las aguas del Atlántico son cualquier cosa menos mansas. A lo largo de la extensa costa de Tenerife hay un buen número de piscinas naturales y charcas, idóneas para niños, para darse un chapuzón a salvo de corrientes, mareas y fuertes resacas. Como las del municipio de La Laguna, con las piscinas naturales de **Punta del Hidalgo.** Y las de ***Bajamar,*** un pequeño y animado núcleo vacacional. También en San Juan de la Rambla, con el ***Charco de la Laja.*** En La Guancha, el ***Charco del Viento.*** En Garachico, ***El Caletón.*** Y en Arona, ***Ten-Bel,*** junto al pueblo de Las Galletas.

▲ Piscinas naturales de El Caletón, en Garachico.

que el topónimo de Buenavista ya permite intuir que son los paisajes naturales el verdadero atractivo de esta zona, allí se pueden conocer la vistosa **iglesia de Nuestra Señora de los Remedios** (siglo XVI) o algunas buenas muestras de arquitectura canaria, como la **casa de la Viuda.**

Desde Buenavista aún puede continuarse por la TF-445 durante un largo tramo para llegar hasta el extremo más noroccidental de la isla, la ***punta de Teno.*** Vale la pena realizar este recorrido, pues se conocerá otro de los parajes de mayor belleza natural de Tenerife, enmarcado entre el océano y el ***macizo de Teno.*** Es una zona despoblada, con un sobrecogedor paisaje volcánico y con unas vistas fascinantes. En punta de Teno, junto al faro, hay unas excelentes playas.

Hay que volver atrás, hasta Buenavista del Norte, para tomar desde allí la TF-436 que se dirige hacia el sur, hacia Santiago del Teide y Guía de Isora. Es un recorrido lento y sinuoso, que discurre entre profundos barrancos, parajes indómitos y altos picachos, mostrando paisajes sorprendentes: deben superarse las intrincadas montañas del macizo de Teno.

Oficina de Turismo en Buenavista del Norte
Plaza los Remedios, s/n. Casa Matula.
922 128 080.
lhttps://buenavistadelnorte.travel

Parque Rural de Teno. Centro de Visitantes
Finca Los Pedregales. El Palmar (Buenavista del Norte).
922 447 970 / 4.
De lunes a domingo de 9.30 h a 16.30 h.

Una insólita inundación

Posiblemente, Garachico ha sido el protagonista de uno de los hechos más insólitos de la historia cotidiana de los pueblos. La Compañía de Canarias, entidad mercantil constituida por nativos e ingleses que tenía monopolizado el importante negocio del vino desde 1665 a 1667, cometió los típicos atropellos con los humildes cosecheros y bodegueros de la comarca. Al parecer, impusieron unos precios de compra absolutamente ruinosos. A tal punto llegaron sus extorsiones que los agricultores, disfrazados de clérigos para no levantar sospechas, se enfrentaron un día con el cónsul británico e hicieron huir a todos sus corresponsales. No satisfechos aún, entraron por la noche en los depósitos comerciales y fueron quebrando una a una todas las barricas. El derrame fue tan descomunal que la villa se vio al poco inundada por verdaderos ríos de vino que bajaban por sus calles. En septiembre de 1667, la Compañía de Canarias desapareció, restableciéndose en la isla el libre comercio del vino.

Al dejar la cornisa septentrional de la isla, orientada a barlovento, y encarar la zona noroeste, el clima es más seco, y ello se manifiesta claramente en el paisaje. Quedarán atrás algunos pequeños caseríos, de vetusta arquitectura popular, como **El Palmar** y **Las Portelas,** y vertiginosos **miradores** como los de Altos de Baracán y la Cruz de Hilda pero, sin duda, el punto más espectacular de este trayecto es el barranco de Masca. El caserío de **Masca** se halla emplazado en medio de un profundo y largo barranco que configura un paraje verdaderamente excepcional e impactante.

La carretera remonta con dificultad la impresionante pendiente del barranco de Masca y asciende hasta el alto de Cherfe, desde donde se contempla ya un paisaje más abierto, con la población de Santiago del Teide a los pies y el Teide como telón de fondo.

Santiago del Teide es una población de carácter agrícola, situada en una zona llana, aunque a los pies del **Parque Natural de la Corona Forestal.** Su austera arquitectura solo permite destacar la blanca iglesia de San Fernando. En cambio, resulta muy atractivo el popular barrio marinero de **Puerto Santiago,** en el que se puede comer buen pescado. Entre un perfil litoral acantilado, la agradable *playa de la Arena* ha permitido convertir la zona en un centro de atracción turística. Desde allí salen las excursiones marítimas que llegan hasta los espectaculares *acantilados de los Gigantes* con La Gomera como telón de fondo.

• • • • • • • •

Oficina de Turismo en Santiago del Teide
✉ Avda. de la Iglesia, 64.
☎ 922 839 220.
🌐 https://visitsantiago delteide.com

• • • • • • • •

Oficina de Turismo en Puerto Santiago
✉ C.C. Seguro de Sol. Avda. Marítima, Local 34. Playa de la Arena.
☎ 922 860 348.

Tenerife sur

Aunque el sur de la isla puede recorrerse cómodamente por la rápida autovía, la vieja TF-28, que discurre más al interior, alejada del litoral, permite un trayecto más pausado y entretenido, mucho más recomendable para conocer este sector de Tenerife.

DE SANTA CRUZ A GÜÍMAR

Saliendo de Santa Cruz por la TF-28 debe atravesarse el barrio industrial de Taco, desde donde puede tomarse el desvío que lleva hasta el barrio de **Geneto** (La Laguna) para contemplar su famoso *drago centenario.*

Desde Taco continúa la carretera hacia Barranco Grande, zona de viejos molinos de viento que eran usados para la elaboración del gofio, aunque actualmente están abandonados. Más adelante aparece **El Chorrillo,** con su pintoresca **iglesia de San Isidro Labrador.** Pasado el cruce de Barranco Hondo y salvado el declive de la Cuesta de Tablas, desde donde se obtiene una buena panorámica de **Igueste,** se llega enseguida a **Candelaria.** Allí se encuentra la famosa **basílica de Nuestra Señora de la Candelaria,** patrona de Canarias. Lugar de peregrinación, en la plaza de la Patrona se alzan las estatuas de bronce de los menceyes guanches.

Al dejar atrás Candelaria, la carretera se aleja de la costa para llegar a **Güímar.** En las afueras se encuentra el **Parque Etnográfico Pirámides de Güímar.** En el casco puede visitarse la **iglesia de San Pedro Apóstol** (siglo XVIII), en cuyo interior destacan una talla de la *Virgen de la Candelaria* del siglo XVII y algunos valiosos trabajos de imaginería y de orfebrería. También resulta agradable un paseo

Oficina de Turismo en Candelaria
✉ Avda. de la Constitución, 7.
☎ 922 032 230.
🖥 www.candelaria.es

Oficina de Turismo en Güímar
✉ Avda. Obispo Pérez Cáceres, 18.
☎ 922 511 590.

Parque Etnográfico y Jardín Botánico Pirámides de Güímar
✉ Chacona, s/n. Güímar.
☎ 922 514 510.
🖥 www.piramidesdeguimar.es

◄ Esculturas de los Menceyes (reyes guanches) en la playa de Candelaria.

Candelaria

Durante siglos esta villa marinera cobró una gran importancia por haber sido punto de peregrinación y romería para todos los canarios, no en vano la Virgen de la Candelaria es la patrona oficial de Tenerife desde 1914, fecha en la que se le adjudicó a cada provincia la suya para evitar avivar los dichosos contenciosos. Su templo, la basílica de Nuestra Señora de Candelaria, obra del gran arquitecto tinerfeño Marrero Regalado, cimentada en un zócalo de rocas, de construcción moderna e inspirada en los estilos tradicionales de la isla, fue bendecida el 1 de febrero de 1959.

Frente a su portada se halla la fuente de las Peregrinas, con un gran mosaico hecho de piedras de diversos colores procedentes de varios puntos de la isla. Sobre ella, el monumental balcón del Ayuntamiento, otrora Casa del Cabildo. En realidad, la villa se compone de un conjunto artístico monumental, pueblo-plaza-templo, realizado armónicamente con materiales isleños. En la plaza, nos impresiona el conjunto formado por las 9 estatuas de bronce sobre un pedestal de lava roja de los menceyes tinerfeños que regían el territorio en tiempos de la conquista: Beneharo (Anaga), Tegueste (Tegueste), Acaymo (Tacoronte), Añaterve (Güímar), Adjoña (Abona), Pelinor (Adeje), Roruen (Daute), Pelicar (Icod), Bencomo (Taoro) y Zebenzuí, del señorío de Punta Hidalgo, nombres que en los últimos tiempos, y siguiendo una cierta vocación nacionalista, han sido la inspiración de muchos padres canarios a la hora de bautizar a sus retoños. Al fondo de la plaza, en la zona de la playa, encontraremos la cueva de Achbinico o de San Blas, que fue el primer templo que tuvo la isla y en el que se veneraba a la patrona.

En la basílica podemos contemplar la imagen de la *Morenita,* como es conocida la Virgen entre los canarios: "La Virgen, la más morena, la morenita", como reza la popular canción del folclore isleño. Fue tallada por el escultor Fernando Estévez después de que el aluvión de 1826 destruyó la antigua edificación. Quedan, sin embargo, elementos importantes de aquellos primeros días de la colonización, tal es la pila bautismal donde se cristianizó a los primeros guanches, hoy colocada en la cueva de Achbinico. Por último, decir que este santuario posee un rico tesoro, así como una enorme cantidad de exvotos ofrecidos a la Virgen durante siglos, procedentes de todos los rincones del archipiélago y otras partes del mundo, especialmente de Hispanoamérica, donde también goza de muchos devotos.

por la recoleta **plaza del Ayuntamiento,** presidida por el propio edificio consistorial, antaño convento de Santo Domingo Soriano. En el camino El Taro está la **cueva de Chinguaro,** cueva-palacio del mencey Acaymo y primer santuario de la Virgen de Candelaria. Desde Güímar baja la TF-612 hacia el mar, hasta el cobijado Puerto de Güímar. Este litoral es rocoso y con pocas *playas,* aunque puede disfrutarse de los arenales *del Puertito, El Socorro* o *El Tablado.*

▲ Vista de Candelaria.

Hacia el norte se extiende el *Malpaís de Güímar,* más de 300 ha de Reserva Natural Especial con un paisaje volcánico en el que se desarrollan cerca de 50 especies endémicas de gran valor, además de excelentes muestras de cardones y tabaibas. En el centro se alza el perfecto cono volcánico de la *Montaña Grande.*

| FASNIA

De nuevo en la TF-28 hacia el suroeste, poco después de Güímar se abre el **mirador de don Martín,** un punto perfecto para contemplar la singular panorámica que ofrece el valle de Güímar.

Hay que dejar atrás algunos minúsculos y pintorescos caseríos, como La Medida, Lomo de Mena o El Escabonal, antes de llegar a la villa de **Fasnia.** Esta población conserva atractivas viviendas tradicionales, aunque es en algunos caseríos de su entorno donde pueden conocerse los mejores ejemplos de arquitectura popular (en La Zarza, Sabina Alta o Fuente Nueva). También en los alrededores de la población, en los barrancos de Herques y los Muertos, se conservan interesantes **yacimientos arqueológicos,** que recuerdan la intensa presencia de los guanches en esta parte de la isla hasta bien entrado el siglo XVI.

En el litoral de Fasnia puede conocerse el *acantilado de Hondura,* declarado Sitio de Interés Científico, que concentra numerosa flora y fauna endémicas en un breve espacio geográfico. El fondeadero de Fasnia o de **Los Roques** es un pequeño núcleo marinero enmarcado por dos singulares formaciones

▲ Acantilado
de los Gigantes.

rocosas: el roque de Dentro y el roque de Fuera; junto al primero se extienden las amplias *playas* de *Los Roques* y del *Abrigo*.

ARICO

De Fasnia a Arico se presenta un largo tramo de carretera, extremadamente sinuoso, pero que muestra a su vez unos paisajes espectaculares. Poco antes de llegar comienzan a verse junto a la carretera numerosas cuevas, que se utilizan para guardar las papas (las de aquí tienen gran fama) o como bodegas (lo que confirma la larga tradición vinícola del municipio, cuyos vinos se integran en la DO Abona). El municipio de **Arico,** el segundo mayor de la isla, comprende en realidad varios núcleos de población dispersos: el más antiguo, desarrollado entre los siglos XVI y XVIII, es **Lomo de Arico;** a finales del XVII aparecen los núcleos de El Río, Arico y Arico el Viejo, y ya en el siglo XVIII nace **Arico el Nuevo,** que conserva casonas de cierto empaque, testimonio de la pujanza que alcanzó el caserío. Todas ellas, sin embargo, son poblaciones de ambiente rural, con una arquitectura sencilla de estilo tradicional. Quizás el más bello sea **Icor,** con casas de auténtico sabor tinerfeño muy bien conservadas. En Arico puede visitarse la **iglesia de San Juan Bautista** (siglo XVIII), con vistosa portada barroca y una curiosa torre de inspiración portuguesa. Desde Lomo de Arico y Arico el Viejo parten sendas carreteras que desciende hacia la costa, hasta el viejo núcleo marinero de **Poris de Abona;** allí puede disfrutarse de la *Playa Grande* y *El Caletón,* dos agradables arenales.

GRANADILLA DE ABONA

Otro largo trayecto lleva de Arico a Granadilla de Abona. Antes se pasará por **El Río,** instalado junto a un amplio barranco en el que se cultivan grandes extensiones de cítricos, y por **Chimiche,** un pequeño caserío con fama de preparar los mejores asados de pernil de cabra o "machorra". En el término de Granadilla está el aeropuerto de Tenerife Sur.

Granadilla de Abona es el tercer municipio más extenso de la isla y conserva un casco urbano de marcado sabor tradicional, en el que destacan la **iglesia de San Antonio** (siglo XVIII) y el antiguo convento de franciscanos. Pero su mayor interés radica en los alrededores: el *Paisaje Lunar de Granadilla de Abona,* sorprendente paisaje volcánico que se ha convertido en uno de los más emblemáticos de Tenerife, la *Montaña Roja,* curioso cono volcánico que se adentra en el océano, la *playa de El Médano,* una de las mejores de Tenerife, o la abrigada *playa* nudista *de La Tejita.*

Entre los paisajes vinícolas que alimentan la producción de la denominación de origen Abona, se llega hasta **San Miguel,** una población de pintoresca estampa organizada alrededor de su iglesia parroquial (siglo XVIII).

LAS PLAYAS DE LAS AMÉRICAS Y LOS CRISTIANOS

La carretera prosigue en dirección a la costa, ya hacia el litoral suroccidental de la isla, descendiendo a través del valle de San Lorenzo o de Abona. Unos dos kilómetros después de San Miguel aparece el

▲ Playa de las Américas.

🛈 **Oficina de Turismo Granadilla de Abona**
✉ Plaza de los Príncipes de España. El Médano.
☎ 922 176 002.
✉ Aeropuerto Tenerife Sur Reina Sofía.
☎ 922 392 037.
🖥 www.granadilladeabona.org

Astroturismo

La localización geográfica de las Islas Afortunadas depara unas condiciones casi únicas para la observación del cosmos: su situación, cerca del Ecuador terrestre, permite admirar a simple vista todo el hemisferio norte y parte del sur. La acción de los vientos alisios, el clima subtropical del archipiélago y la inversión térmica, que genera una doble capa en la troposfera separada por el mar de nubes, garantizan en las zonas más altas de las islas una atmósfera sin turbulencias y libre de contaminación lumínica ideal para la contemplación de la bóveda celeste. Granadilla de Abona fue el primer municipio del mundo en ser declarado en el año 2012 como destino turístico Starlight y el Valle de Güímar es el primer paraje Starlight y el primer parque estelar Starlight de Canarias. La empresa Discover Experience ofrece multitud de actividades nocturnas (https://discoverexperience.com).

▲ El Parque Nacional del Teide es un lugar privilegiado para la observación astronómica.

mirador de la Centinela, que permite espectaculares vistas sobre el sur insular. A los pies del mirador se halla el típico caserío de **Aldea Blanca,** cuya rural estampa contrasta enormemente con el urbanismo turístico de la costa.

Ya en el litoral, la carretera culmina frente a las inmensas y famosas concentraciones turísticas de **Playa de las Américas** y **Los Cristianos,** que hasta mediados del siglo xx eran tan solo unos modestos núcleos de pescadores y hoy son paradigma del turismo de masas en el archipiélago. Las largas playas de arena dorada que se extienden aquí tienen a sus espaldas un continuo urbano que une los núcleos de **La Caleta, Torviscas Bajo, Costa Adeje,** Playa de las Américas y Los Cristianos, entre los municipios de Adeje y Arona. Es una concentración de servicios, comercio y ocio que hace que aquí sea imposible aburrirse, un bullicio constante que contrasta con la atmósfera tradicional y tranquila de las dos capitales municipales, emplazadas en el interior. Desde el pequeño **puerto de Los Cristianos** parten los barcos hacia la isla de La Gomera. Muy cerca de la playa de las Américas se halla el fascinante edificio **Magma Arte y Congresos,** una construcción vanguardista de impactante y seductora factura, sin duda uno de los principales hitos arqutectónicos de Canarias en los últimos tiempos.

| ADEJE

Aunque el turismo se concentra en su fachada litoral, vale la pena adentrarse a conocer el núcleo de Adeje, que entre sus desordenadas calles esconde interesantes muestras de arquitectura popular, civil y religiosa. Pueden destacarse, por ejemplo, la **Casa Fuerte** del siglo XVI y la **iglesia de Santa Úrsula,** en cuyo interior se conservan los valiosos **tapices** de los Talleres Reales de los Gobelinos de París (siglo XVII) y un bellísimo **artesonado** mudéjar en la capilla mayor, además de otras importantes obras pictóricas, un retablo barroco y una talla del siglo XVI de la *Virgen de la Candelaria.* También son reseñables los artesonados mudéjares del **convento de Nuestra Señora de Guadalupe** (siglo XVII) y la colección de piezas religiosas del **Museo de Arte Sacro,** habilitado en la iglesia del mismo convento.

Próximo a Adeje se halla uno de los paisajes más singulares de la isla: el ***barranco del Infierno,*** la sima más profunda de todo el archipiélago. Una recomendable excursión a pie, que parte desde el mismo núcleo urbano, permite adentrarse en esta Reserva Natural.

Desde Adeje una carretera va a buscar el litoral para seguirlo hacia el norte. En este tramo aparecen algunas playas algo más tranquilas, como playa de San Juan o playa de la Barrera. El recorrido debe concluir en **Puerto de Santiago.** Allí se alza otro de los majestuosos espectáculos naturales que ofrece la isla: el ***acantilado de los Gigantes,*** una sobrecogedora pared de negra roca volcánica, con más de 100 metros de altura, enfrentada al oleaje del Atlántico.

🛈 **Oficina de Turismo en Playa de las Américas**
✉ Plaza del City Center. Avda. Rafael Puig, 19.
☎ 922 797 668.
Playa de las Galletas
✉ Rambla Dionisio González, 1.
☎ 922 730 133.
🖰 http://arona.travel/es-es/

🛈 **Oficinas de Turismo en Los Cristianos**
✉ Plaza del Pescador (Centro Cultural Los Cristianos).
☎ 922 757 130.
✉ Paseo Las Vistas, 1. Playa de las Vistas.
☎ 922 787 011.
🖰 http://arona.travel/es-es/

🛈 **Oficinas de Turismo en Costa Adeje**
✉ Avda. Rafael Puig, 1. Troya.
☎ 922 750 633.
✉ Avda. Litoral, s/n, Playa Fañabé.
☎ 922 716 539.
🖰 https://costa-adeje.es

📋 **Oficina administrativa del Parque Nacional. Centro de Visitantes Telesforo Bravo**

✉ Doctor Sixto Perera González, 25. El Mayorazgo (La Orotava).

☎ 922 922 371.

🌐 www.webtenerife.com
www.miteco.gob.es

🕐 De lunes a viernes de 9 h a 14 h.

▼ Roques de García y volcán Teide.

Las Cañadas del Teide

Desde La Laguna parte la TF-24, una larga carretera (59 km) que asciende directamente hasta el pie del Teide a través del fascinante pinar del monte de La Esperanza. Los primeros seis kilómetros, hasta el núcleo de La Esperanza, discurren por un cómodo trazado, en cuyo margen aparecen algunos *guachinches* en los que pueden saborearse la cocina tinerfeña más popular y los apreciados vinos de la isla.

HACIA EL MAR DE NUBES

La Esperanza es un caserío agrupado en torno a la pequeña **iglesia de Nuestra Señora de la Virgen de la Esperanza,** en una zona fresca, lluviosa y verde, rodeada de huertas, pastos y pinares.

Poco más arriba, ya entre el denso bosque de pino canario, se llega a *Forestal Park Tenerife* (un parque de aventura en los árboles, km 16), y poco después, se abre el **parque recreativo de Las Lagunetas,** con una fuente de agua fría. La siguiente parada puede realizarse en el **mirador del Pico de las Flores.** La mayor altura ya permite aquí contemplar la masa boscosa desde lo alto, cubriendo las laderas, así como disfrutar de una impresionante vista del norte de la isla. Aún hay más posibilidades de obtener buenas vistas a lo largo del trayecto: el **mirador de las Cumbres** y el **mirador de Ortuño,** desde los que aparece el pico del Teide emergiendo entre la enorme masa boscosa y, en muchas ocasiones, entre el bello "mar de nubes" que se forma en la vertiente septentrional. Conviene afrontar el ascenso sin prisas, para poder disfrutar de estas vistas y también del extraordinario pinar, cuyos enormes ejemplares y frondosidad sorprenden inevitablemente a quien realiza este trayecto por primera vez.

Centro de Visitantes El Portillo

✉ Ctra. TF-21, km 32,1 (muy cerca del cruce de El Portillo). El Portillo de la Villa.

☎ 922 922 371.

🕐 Todos los días de 9 h a 16 h.

ℹ Jardín Botánico anexo al centro creado para exponer y reproducir la flora autóctona de los pisos bioclimáticos supra y oromediterráneo de este territorio.

Centro de Visitantes de Cañada Blanca

✉ Parador de Turismo de Las Cañadas. Ctra. TF-21, km 46,5.

☎ 922 922 371.

▲ Teleférico del Teide.

Teleférico del Teide
- ✉ Parque Nacional del Teide.
- ☎ 922 010 440.
- 🖥 www.volcanoteide.com
- 🕐 De 9 a 16/17.40 h subidas.
  De 9 a 16.50/18.30 h
  bajadas.
- 💶 Adultos: 41 €;
  niños: 20,50 €.
- ⛰ Trayecto de 8 minutos
  sobre volcanes, cráteres
  y ríos de lava.

Refugio de Altavista
- ✉ Parque Nacional del Teide.
- 🖥 www.volcanoteide.com
- 🕐 Cerrado temporalmente.
- ⛰ A 3.260 m de altitud.
  Habitaciones colectivas.
  Estancia limitada a una
  noche. El lugar donde
  pasar la noche si se quiere
  ascender al pico del Teide a
  ver amanecer. Unas vistas
  espectaculares.

Superado el puerto de Izaña, y antes de entrar en lo que propiamente es el Parque Nacional de las Cañadas del Teide, aparece a la izquierda un cruce de la carretera que se dirige hacia el **observatorio astronómico del Teide.**

EL PARQUE NACIONAL DEL TEIDE ★★
La carretera discurre en este último tramo sobre el borde elevado de las montañas, ofreciendo así vistas hacia las dos vertientes, siempre entre la espectacular masa boscosa. Poco más arriba del citado cruce está **El Portillo,** un punto con algunos servicios de restauración en el que confluyen las carreteras que suben desde La Laguna y desde La Orotava. Allí se inicia el **Parque Nacional,** y antes de entrar en él resulta muy recomendable una visita a la exposición del Centro de Visitantes, que ofrece una didáctica explicación sobre todo lo que podrá contemplarse a partir de este punto.

La gigantesca caldera volcánica de Las Cañadas constituye un espacio llano que se extiende a los pies de la vertiente sur del Teide, a unos 2000 metros de altitud. La carretera atraviesa toda esta extensión volcánica, en que la vegetación arbórea habrá desaparecido para dar paso a un paisaje rocoso, repleto de tonalidades y de formas singulares. La base del **teleférico** que asciende casi hasta lo alto del volcán y el **Parador de Turismo de las Cañadas** son las únicas construcciones que aparecen entre estos parajes silenciosos de lavas y malpaíses.

En el extremo opuesto del Parque, una vez recorrido todo este sorprendente paraje, la carretera se bifurca para ofrecer dos posibilidades de descenso: bien hacia el sur, hacia las poblaciones de Vilaflor y Granadilla de Abona, o bien hacia el norte, hacia Guía de Isora o Santiago del Teide.

Las Cañadas del Teide

La isla de Tenerife cuenta desde 1954 con este Parque Nacional. Tiene una extensión de 18.990 ha y una altitud media de 2000 m. En realidad se trata de una gigantesca caldera en cuyo lado sur hay unos llanos o cañadas que dan origen al nombre; y en la zona norte, el paisaje, gigantesco, aparece diseñado por el majestuoso pico del Teide, coronado de nieves casi perpetuas.

En uno de esos días claros la visión del conjunto es sobrecogedora; todo forma un extraño paisaje: el pico nevado, los diversos colores de las rocas y lavas volcánicas, las caprichosas esculturas monolíticas naturales... La flora también ayuda a conformar la singularidad del paraje. Taginastes rojos de hasta 2 m de altura, la serrátula, la retama y la violeta del Teide configuran el fuerte de una flora endémica, única en el mundo, que ha sobrevivido a la era terciaria.

Existen muchas posibilidades para realizar la visita, desde la subida a la cumbre (solo recomendada a expertos) hasta los cómodos paseos por los famosos roques de García (junto al parador) y los llanos de Ucanca. Lo más común es tomar el teleférico (funciona desde las 9 h) que parte de la base del Teide, a 2.356 m, y sube a La Rambleta, a 3.555 m, desde donde se puede realizar a pie una corta ascensión hasta el pico (se tarda una media hora). Los amantes del senderismo pueden perfeccionar su conocimiento y gozar mucho más del paisaje, utilizando la red de senderos existente. La marcha más larga (una jornada) es la circunvalación por las diferentes cañadas en torno al pico, en la que se disfruta de todas las caras del Teide y sus volcanes secundarios (Montaña Blanca, Pico Viejo, Montaña Chahorra, etc.). Se atravesarán malpaíses, campos de lavas negras y otros parajes, en medio de un silencio sobrecogedor, solo interrumpido por el soplo del viento o los cantos agudos de mosquiteros y canarios, las aves más comunes de este espacio protegido.

Vilaflor, *Chasna* para los desaparecidos guanches, se instala junto a la amplia corona forestal que envuelve al Parque Nacional, y es famoso por la pureza de su aire, por lo que tradicionalmente acudían allí muchos enfermos de pulmón, y por la riqueza de sus aguas minerales. En Vilaflor hay dos monumentales ejemplares de pino canario: el *Pino Gordo* (con 9 m de perímetro) y el *Pino de las dos Pernadas.* Y por su término discurre el sendero del *Paisaje Lunar* (PR TF-72) que llega hasta el indómito paraje de Los Escurriales. Aparte de esto, Vilaflor aparece con una bucólica estampa, cuenta con bellas muestras de arquitectura popular y su **iglesia de San Pedro Apóstol.** También puede visitarse allí el santuario del Santo Hermano Pedro de Bethencourt, activo evangelizador de América en el siglo XVII.

Oficina de Turismo en Vilaflor
Plaza Obispo Pérez Cáceres, 1.
922 709 002.
https://vilaflordechasna.es

Dónde...

GASTRONOMÍA

Esta isla, con su majestuoso Teide de nieves casi perpetuas, tiene a orgullo sus aromáticos plátanos, cultivados principalmente en las localidades norteñas y, en especial, en el idílico valle de La Orotava. Pero aquí las papas merecen un capítulo aparte.

DOP Papas Antiguas de Canarias
www.papasantiguas
decanarias.org

Las papas

En la isla de Tenerife las papas son más que el simple complemento de la dieta cotidiana: existe una verdadera cultura de la papa, algo solo comparable con Perú, desde donde fueron introducidas en 1622. Se han clasificado más de 20 variedades, de las que destacamos la *bonita*, la *negra*, la *up*

to date o la *quinegua* (King Edward), muy propias para *arrugar* (cocción con piel, mucha sal y poca agua). Son papas que podrían considerarse como endemismos, especies originarias de zonas andinas, donde desaparecieron hace tiempo. Todas están protegidas por la Denominación de Origen Papas Antiguas de Canarias. Las producciones de *negra* y *bonita* no son lo suficientemente grandes como para exportarlas, por lo que es difícil degustarlas incluso en el resto del archipiélago.

Unas papas negras o bonitas arrugadas, bien rociadas de uno de los tantos mojos, más que un alimento se convierte en un capricho culinario. Huecal de papas, papas atocinadas, pan de papas, papas chantilly, papas con manta, papas escabechadas, papas rellenas, papas al estilo del Viernes Santo lagunero, papas infladas, papas banderita española, papas en salsa boba, son otros de los tantos ingeniosos platos que parten del bendito tubérculo.

Papas, gofio y pescado salado son los pilares de la alimentación popular canaria. Las más célebres se cultivan en la zona de Tacoronte, fértil localidad donde también se localizan los más importantes cultivos de vides, hortalizas, frutales y espárragos.

❙ Los guachinches

Hay un hecho que se debe destacar en la isla de Tenerife: la existencia de una gran cantidad de ventas populares, casas de comidas o bares muy sencillos regados por los municipios del norte, Tacoronte, El Sauzal, La Matanza, Santa Úrsula, Tegueste, y otros muchos pagos, donde viñas y bodegas son elementos consustanciales de su vida y economía. A la vera de esa importante actividad vitivinícola que ha venido a salvar el paisaje de la feroz especulación turística, se crearon de forma espontánea los guachinches (tabernas), que la mayor parte de las veces se correspondían con una habitación de la casa familiar, donde la esposa del bodeguero debió de ofrecer alguna tapa sacada del caldero familiar para acompañar a la perra de vino (el chateo), actividad que con los años se ha venido, en cierta forma, profesionalizando. En estos figones se puede contactar con unos guisotes genuinos, caseros, muchos de ellos rotundos, como pueden ser unas garbanzas con costillas; la carne con papas (una especie de ragú); pata de cochino asada; conejo en salmorejo, costillas con papas y uno de los más representativos de esta cocina rural: costillas saladas, papas y piñas de millo (mazorcas de maíz), plato que puede degustarse en varios locales, que el

❙ Setas

Es importante señalar la gran riqueza micológica de las islas, excepto en las desérticas Lanzarote y Fuerteventura, donde se dan muy bien las criadillas de tierra, llamadas en estas "papas cría". Se han catalogado por el Departamento de Botánica de la Universidad de La Laguna más de 150 variedades, y muy pocas son letales. Sin embargo, a pesar de ser conocidas en la alimentación aborigen, su uso en la cocina tradicional criolla es prácticamente inexistente. Solo algunos colectivos peninsulares, vascos y catalanes, hacen acopios de ellas.

❙ Castañas

El fruto seco por excelencia del otoño tinerfeño es la castaña. Habitual en el recetario tradicional canario, sus aplicaciones culinarias y reposteras son múltiples: las podrás encontrar en sopas y cremas, como guarnición en los platos con carnes (deliciosas las castañas cocidas con estofado), hervidas o tostadas, y en mermeladas, tartas, gominolas y licores. La castaña es la protagonista de la fiesta que se celebra anualmente en La Matanza de Acentejo y, por extensión, en todo el noroeste de la isla de Tenerife, en torno a San Andrés.

Platos típicos de Tenerife

Cuchara

Ropa vieja: verduras, papas, carne y garbanzos.

Garbanzas: garbanzos acompañados con carne y papas.

Potaje de berros: berros, piñas de maíz, costillas, judías blancas y ñame.

Rancho canario: sopa de fideos y garbanzos.

Puchero: cocido preparado con las principales verduras de la tierra.

Carne

Conejo en salmorejo: Preparado con un majado especial y acompañado de papas arrugadas.

Pescado

Cazuela de pescado: guiso marinero típico acompañado de escaldón de gofio.

Repostería

Bienmesabe: empalagoso y contundente postre típico elaborado con almendra, bizcocho, huevo, azúcar y limón. Una bomba.

Vocabulario gastronómico

Baifo: cabrito.

Bugango: variedad de calabacín que se cultiva en las islas Canarias.

Millo: maíz.

Tollo: carne junto a los lomos.

Salpresar: aderezar con sal un alimento, prensándolo para que se conserve.

caminante hallará en la carretera que va desde Los Rodeos a Tegueste; bubangos rellenos (una variedad de calabacín); carne de cochino vendida al peso y asada en braseros particulares; carne de fiesta (cubitos de cerdo adobados, muy aromáticos, y fritos); baifo (cabrito) al horno...

Cocina rústica

Dentro de esa cocina rústica, con condumios muchas veces considerados como platos únicos, destacamos la cazuela de pescado. Se trata de una de las tantas calderetas marineras, pero servida en dos tumbos, primero una sopa hecha con un refrito, la cabeza y rodajas del pescado, a ser posible de roca (sama, mero, cherne, o bocinegro), y pan viejo; a continuación, el pescado, cocido y frito, y las papas; todo bien rociado con un mojo verde. Se acompaña de una escudilla de escaldón o gofio escaldado, gofio mezclado con el caldo hirviente hasta lograr la consistencia de unas natillas espesas.

El gofio, palabra de origen aborigen, es una suerte de cereales tostados y molidos, uno de los panes propios de las civilizaciones primitivas.

Son destacables los potajes, guisos de verduras y legumbre, papas y poca carne de cochino salada. El de berros es magnífico, uno de los platos regionales más completos y sanos; lo mismo puede comerlo un niño que un joven, un adulto o un anciano.

Tampoco falta una representación de la vieja olla hispana: el puchero, que en algunos pagos llaman puchereta. Se diferencia de los peninsulares porque lleva, además de las carnes, las verduras de rigor y los garbanzos, piñas de millo, batata, chayota y pera. La cocina isleña puede considerarse un crisol de las diversas peninsulares, Portugal incluido, algo de Italia (de Génova) o Iberoamérica. No resultará raro encontrar platos de origen levantino, o andaluz, como arroz al cebollino, arroz del convento, arroz a lo jarandino, arroz Alfonso XIII, arroz mechado, arroz indio-barato, arroz a lo chicharrero, arroz con pollo y millo, arroz preso... o el "matrimonio": arroz blanco con fríjoles negros y cerdo salado, plato cubano, caribeño.

Pescado

La cocina del pescado es importante, tanto del fresco como del salpreso o jarado. Desde las viejas mancochadas (pez "nacional" canario, el *Scarus cretensis*) con papas arrugadas y mojo, pasando por los chicharros horneados, los chicharros atomatados, los chicharros al vino blanco (no debe ignorar

el lector que al tinerfeño se le conoce popular y cariñosamente como chicharrero), el cherne acamaronado, la sama, las cabrillas con almendras, los tollos compuestos (raya, tiburón o cazón jareados: pasados por una salmuera y secados al sol), canelones de corvina... En fin, una cocina marinera digna.

Los mojos

En las islas occidentales se elaboran muy buenos mojos, esas famosas salsas frías donde los ingredientes entran en crudo. Destacamos el de cilantro, hierba que introdujeron en la culinaria isleña los portugueses, imprescindible para acompañar pescados emparrillados o fritos y sus papas arrugadas. O el mojo colorado, ideal para asados de cerdo, guisos de pescado salpreso y otros condumios.

Carnes

En carnes, como en las otras islas, la cosa queda reducida más o menos al cerdo, la cabra y el baifo; y ciertas aves propias de corral, aunque no hay que despreciar la caza: perdiz, tórtola y hasta la pardela, esa ave marina, cuya caza hoy día está prohibida. Con el conejo se hace uno de los platos más representativos, si no el más: conejo al salmorejo. Se trocea el animal y se deja una noche "durmiendo" en un aromático adobo con ajos, perejil, tomillo, orégano, pimentón, pimienta, sal, aceite y vinagre. Se fríe, o se asa, y finalmente se guisa en cazuela de barro con el adobo sobrante y algo de vino blanco. Y, por supuesto, las imprescindibles papas bonitas arrugadas.

El baifo también se adoba, o se "embarra" de forma parecida, y se hornea o fríe. Se asa el pernil de cochino de forma magnífica, lentamente, bien tostada la corteza y guisado y jugoso su magro.

Pollitos asados en la crema del plátano, menudillos de gallo guimarero, conejo con almendras, costillas de cerdo con plátanos guisados, pastel frío de carne de cochino...

Plátano

Si hay una fruta que identifique a las Islas Canarias esa es, sin duda, el plátano. Se cree que su cultivo se introdujo desde el sudeste asiático a principios del siglo XV. En la actualidad goza de una Indicación Geográfica Protegida y se extiende por unas 9000 ha por todo el archipiélago. De textura jugosa y sabor dulce, se utiliza en numerosos platos y postres tradicionales y actualizados.

Miel

Las mieles en Tenerife se elaboran con flores endémicas y, por lo tanto, adquieren un sabor único. En el archipiélago habita una abeja autóctona, la abeja negra canaria, y la miel tinerfeña cuenta con su propia Denominación de Origen Protegida "Miel de Tenerife".

La de tajinaste, flor autóctona endémica, es de color beige, aroma floral y sabor suave.

La de retama del Teide se extrae a más de 1500 m de altura. Esta flor le proporciona un color ambarino y un sabor y aroma suave y exótico.

Gofio

Es un cereal tostado y molido cuyos orígenes se remontan a los guanches. De trigo o maíz son los más comunes. Se mezcla con miel, leche, vino, azúcar, caldos de pescado y carne. Con leche en el desayuno, en escaldón con el caldo de pescado o carne, también con los potajes, y con miel y almendras.

Quesos

Existen abundantes y exquisitas variedades de quesos locales (de cabra), curados, semicurados y tiernos. Este último es el más utilizado. El queso blanco (o fresco) se elabora con leche cruda de cabra. El artesanal resulta exquisito.

Las zonas famosas por sus quesos en la isla son Anaga, Arico, El Tanque, Fasnia, Güímar y Teno.

Ofrece la culinaria chicharrera otros platos exóticos de verduras: fritura de millo bobo, fritura de garbanzos María la manca, bubangos rellenos, chayotas Conchita, chayotitas rellenas...

La repostería

La repostería es amplia. La espada del conquistador vino siempre acompañada de la cruz del misionero. Canarias fue un ensayo general para la gran aventura americana.

Pero los monjes trajeron, además, sus recetas secretas; y las amas de casa, ante la abundancia de azúcar (Canarias fue pionera en esta explotación agraria e industrial, antes incluso que el Caribe), aportaron infinidad de golosinas. Huevos moles, los *ovos* moles de Aveiro (Portugal), de paciente elaboración, constituyen una verdadra delicia. Cubiletes, marquesote, pan de almendras, truchas (empanadillas de hojaldre) de batata, almendrados, bienmesabe, huevos espirituales, rosquillas, pestiños de vino herreño, panetela almibarada, pudín de duraznos, dulce de tunos, dulce de higos frescos, dulce de higos pasados, dulce de pantana (calabaza), mazapanes o el queso de ciruelas de Isora...

Vinos y ron

Tenerife es la isla del archipiélago canario con mayor producción de vino y la primera que obtuvo una denominación de origen. Actualmente existen en la isla de Tenerife cinco áreas geográficas que producen con Denominación de Origen: Abona, Tacoronte-Acentejo, Valle de Güímar, Valle de la Orotava, Ycoden-Daute-Isora.

Canarias es, además, una región que siempre ha destacado por sus destilados de ron. También Tenerife es isla amante del destilado de caña, especialmente el que se elabora en la zona de Tejina, donde siempre su ron ha gozado de prestigio.

I Restaurantes

SANTA CRUZ DE TENERIFE

Bodegón el Puntero

- ✉ San Clemente, 13.
- ☎ 922 282 214.
- ◎ Precio medio: 15 €.

Auténtica bodega con cocina tradicional a muy buen precio. Vino local, garbanzas, sardinas, tollos, bacalao encebollado, flan casero, papas arrugadas… Comedores en las habitaciones de una antigua casa terrera.

La Concepción

- ✉ Antonio Dominguez Alfonso 4.
- ☎ 922 274 062.
- 🍽 Precio medio: 25 €.

Cocina canaria e internacional versionada: tartar con aguacate y salmón, conejo deshuesado con batata y miel de palma… También opciones para vegetarianos. En un precioso edificio tradicional reformado.

Cortxo

- ✉ Pza. Ireneo González, 5.
- ☎ 922 151 695.
- 🌐 https://cortxo.com
- 🍽 Precio medio: 25 €.

Gastrobar en una plaza muy tranquila. Tapas a muy buen precio y originales: almogrote en ratonera, croquetas con láminas de jamón, etc. Terraza muy agradable.

La Hierbita

- ✉ El Clavel, 19.
- ☎ 922 244 617.
- 🌐 https://lahierbita.es
- 🍽 Precio medio: 25 €.

Gastronomía popular de las islas Canarias en una casa tradicional con más de 200 años de historia. Menús a muy buenos precios con platos típicos: cherne, ropa vieja, papas arrugadas con mojo, etc.

El Líbano

- ✉ Santiago Cuadrado, 36.
- ☎ 922 285 914.
- 🌐 https://restaurante ellibano.com
- 🍽 Precio medio: 25-30 €.

Cocina árabe. Uno de los clásicos ineludibles de la ciudad. Fantástico su *hommus*, el *kipe naye* y el *jaruf mehshe*. Espectacular repostería libanesa.

La Posada

- ✉ San Fernando, 7.
- ☎ 922 246 772.
- 🍽 Precio medio: 25-30 €.

Ambiente cálido y acogedor en un local de estilo tasca. Variedad en tapas y calidad en vinos, que miman en su bodega climatizada a la entrada del local. Platos regionales y cocina tradicional asturiana con productos tanto locales como asturianos de calidad.

Los Tronkos

- ✉ General Goded.
- ☎ 922 284 152.
- 🌐 https://lostronkos.es
- 🍽 Precio medio: 35 €.

Cocina española tradicional elaborada con excelentes materias primas. Estupendas carnes. Platos de creación. La especialidad estrella: los huevos a la inglesa.

Panzaburro Gastrotasca

- ✉ Méndez Núñez, 20.
- ☎ 922 284 252.
- 🍽 Precio medio: 25 €.

Domingos y lunes cerrado. Excelente cocina de productos frescos y ecológicos. Platos elaborados y sabrosos como la tarrina de lechazo con reducción de tempranillo y miel de palma, pescadito frito a la andaluza, cochino negro asado con papas y verduras o las famosas croquetas de plátano. Gran trato, carta variada y bonita terraza interior. Muy recomendable.

Umami Good Food

- ✉ Sabino Berthelot, 10.
- ☎ 640 097 412.
- 🌐 https://umami goodfood.com
- 🍽 Precio medio: 15 €.

Restaurante vegano luminoso, moderno y suculento. Desayunos y *brunch* de fin de semana: tosta de pan de centeno, con hummus casero, pimentón de la Vera y aceite de oliva virgen extra. Zumos naturales.

BUENAVISTA DEL NORTE

El Burgado

- ✉ Camino del Rincón, s/n. Playa La Arena.
- ☎ 922 127 831.
- 🌐 www.buenavista delnorte.es
- 🍽 Precio medio: 35 €.

En un enclave impresionante, a pie de playa. Ideal para ver atardecer con vistas a La Gomera. Decoración marinera. Especializado en pescados a la espalda y arroces caldosos. Solo por la ubicación merece la pena.

COSTA ADEJE

La Cúpula

- ✉ Adrian Hoteles Jardines de Nivaria. París, s/n.
- ☎ 922 713 333.
- 🖰 www.restaurante lacupula.com
- 🗐 Menús degustación: 87-105 € (sin maridaje).

Rubén Cabrera, formado en cocinas como las de Arzak y Mugaritz, imprime su estilo personal a una carta que bebe de la cocina tradicional canaria y aplica vanguardistas técnicas de elaboración. Excelente emplazamiento, magnífica bodega y satisfacción asegurada.

La Masía del Mar

- ✉ El Muelle, 3.
- ☎ 922 710 895.
- 🖰 www.masiadelmar group.com
- 🗐 Precio medio: 40 €.

Pescados y mariscos frescos. Paella de mariscos y parrilladas. Local de ambiente marinero con terraza frente al mar.

Almar Tenerife

- ✉ Gran Bretaña, 10.
- ☎ 603 255 741.
- 🖰 https://almartenerife. com
- 🗐 Precio medio: 40 €.

Lugar espectacular por su ubicación y por lo original de la carta. Platos muy elaborados y sorprendentes.

El Molino Blanco

- ✉ Avda. de Austria, 5.
- ☎ 922 798 987.
- 🖰 www.molino-blanco. com
- 🗐 Precio medio: 40 €.

Cocina tradicional e internacional.

Oasis

- ✉ Grande, 5.
- ☎ 922 780 827.
- 🗐 Precio medio: 15-20 €.

Situado en el centro de la villa de Adeje es famoso por su pollo picantón. Auténtico en todos los sentidos.

Otelo

- ✉ Los Molinos, 44.
- ☎ 922 780 374.
- 🖰 www. otelorestaurante.com
- 🗐 Precio medio: 15-20 €.

Recetas tradicionales canarias como el pollo al ajillo o el conejo al salmorejo.

La Vieja

- ✉ Avda. Las Gaviotas. Edificio Terrazas de la Caleta, 1.
- ☎ 922 711 548.
- 🖰 https://restaurante lavieja.com
- 🗐 Precio medio: 50 €.

Mariscos, pescados y arroces. Terraza frente al mar. A pocos metros de la orilla de la playa.

LOS CRISTIANOS

El Cine

- ✉ Juan Bariajo, 8.
- ☎ 629 506 560.
- 🖰 https://restaurante elcine.com
- 🗐 Precio medio: 15-20 €.

Cocina canaria y pescado. Económico. Lugar muy concurrido.

Mesón Castellano

- ✉ Avda. Antonio Domínguez, 38-40.
- ☎ 922 792 136.
- 🗐 Precio medio: 30 €.

Cocina tradicional española. Especializado en carnes y asados: cochinillo, cordero… Buena carta de vinos.

El Rincón del Arroz

- ✉ Los Sabandeños. Edif. Soledad, Local 1.
- ☎ 922 777 741.
- 🗐 Precio medio: 50 €.

Especializado en exquisitos arroces.

GARACHICO

Bodegón Plaza Casa Juan

- ✉ Fco. Martínez de Fuentes, 7.
- ☎ 922 133 403.
- 🗐 Precio medio: 15 €.

Solo sirve almuerzos en una pequeña casa tradicional. Cocina canaria en raciones: papas arrugadas con *pelotos* de gofio azucarado, queso asado con mojo y miel de caña, etc. Muy recomendable por precio y calidad.

Galeón

- ✉ República de Venezuela, 23.
- ☎ 822 359 023.
- 🗐 Precio medio: 20-25 €.

Pescado fresco. Afamado entre los locales y situado frente al mar.

Rocamar

- ✉ Esteban de Ponte, 11. Avda. Tomé Cano, s/n.
- ☎ 922 830 176.
- 🖰 www.rocamar.tf
- 🗐 Precio medio: 20-30 €.

Cocina canaria. Está situado en el paseo marítimo de Garachico.

GRANADILLA DE ABONA

Tasca Tierras del Sur

- ✉ Calle Pedro González Gómez, 20.
- ☎ 922 771 482.
- 🖰 www.tascatierras delsur.com
- 🗐 Precio medio: 30 €.

Ambiente acogedor en este restaurante de cocina tradicional. Inmejorable atención.

GUÍA DE ISORA

M.B

- ✉ **Hotel The Ritz-Carlton Abama. Ctra. Gral. TF 47, km 9.**
- ☎ **922 126 000.**
- 🖥 **www.ritzcarlton.com**
- 🍽 **Varios menús degustación: 95, 180 y 210 €.**

Cocina vasca moderna de la escuela Berasategui. Importante carta de vinos con más de medio millar de referencias entre vinos canarios, peninsulares y europeos. Dos estrellas Michelin. Excelente servicio de sala. Otro de los restaurantes que dirige Berasategui en este hotel es **Txoco**.

Akira Back Tenerife

- ✉ **Hotel The Ritz-Carlton Abama. Ctra. Gral. TF 47, km 9.**
- ☎ **922 126 000.**
- 🖥 **www.ritzcarlton.com**

Akira Back, oriundo de Seúl y ganador de una estrella Michelin, está al mando de los fogones. Cocina japonesa. Pescados y verduras muy frescos.

ICOD DE LOS VINOS

Agustín y Rosa

- ✉ **San Sebastián, 15.**
- ☎ **922 810 792.**
- 🖥 **www.restaurante agustinyrosa.com**
- 🍽 **Precio medio: 25 €.**

Cocina tradicional canaria desde 1950. Muy popular; con especialidades loca-

les y platos internacionales. Carta variada. En el centro histórico de Icod.

LA LAGUNA

Arepera Punto Criollo

- ✉ **El Tizón, 7.**
- ☎ **922 257 007.**
- 🍽 **Precio medio: 15 €.**

Una de las mejores *areperas* de la isla y la más famosa de La Laguna, tanto por su calidad como por sus buenos precios. Excelente gofio escaldado. Amplia variedad de arepas y salsas para amantes del picante.

La Bruma

- ✉ **Alberto Einstein,35.**
- ☎ **922 633 529.**
- 🍽 **Precio medio: 25 €.**

En la zona peatonal del casco histórico. Cocina canaria de tapeo, pero también fusión oriental y mediterránea. Muy buena selección de vinos. Fantásticas mesitas en la calle y un gran ambiente.

El Guaydil

- ✉ **Dean Palahí, 26.**
- ☎ **617 543 231.**
- 🖥 **www.restaurante guaydil.com**
- 🍽 **Precio medio: 20-30 €.**

Extensa carta y reinterpretación de la cocina canaria en un ambiente agradable y con una cuidada decoración y atención. Materias primas de primera calidad.

La Hoya del Camello

- ✉ **Ctra. General del Norte, 128.**
- ☎ **922 265 105.**
- 🖥 **https://lahoya delcamello.com**
- 🍽 **Precio medio: 35 €.**

Recetas sencillas y producto de mercado. Especialidades: arroces, potajes, carnes y pescados. Cocina internacional. Terraza.

El Jinete sin Cabeza

- ✉ **Bencomo, 23.**
- ☎ **622 886 288.**
- 🍽 **Precio medio: 25 €.**

Cocina de mercado. Pequeño local muy agradable. Se come bien por poco dinero: excelente ceviche de lenguado. Buenos vinos canarios. Cervezas artesanales y de importación.

Patio Canario

- ✉ **Manuel de Ossuna, 8.**
- ☎ **922 264 657.**
- 🖥 **www.patiocanariola laguna.com**
- 🍽 **Precio medio: 20-30 €.**

Cocina canaria en un patio típico canario que pertenece a una casa del siglo XVIII. Selección de vinos de las mejores bodegas canarias. Postres caseros acompañados de licores y malvasías de las islas.

Silbo Gomero

- ✉ **Volcán Helena, 9.**
- ☎ **922 310 355.**
- 🍽 **Precio medio: 40 €.**

Cocina creativa de mercado y tradicional canaria actualizada con técnicas modernas de la mano de Braulio Simancas. Productos de la tierra. Famoso almogrote y excelentes mojos.

Cofradía La Laguna y El Mar

- ✉ **Tabares de Cala, 9.**
- ☎ **922 632 310.**
- 🍽 **Precio medio: 20 €.**

Pequeño local que ofrece pecados frescos a buen precio. Especial el pulpo a la plancha.

LA MATANZA DE ACENTEJO

El Salón

- ✉ Toscas de San Antonio, 13.
- ☎ 922 578 800.
- 🖥 Precio medio: 25 €.

Todo un clásico en la isla y un referente por sus buenos pescados. Atención cordial y esmerada.

LA OROTAVA

Aguamansa

- ✉ Ctra. de Las Cañadas, km 15.
- ☎ 922 330 638.
- 🖥 Precio medio: 15-20 €.

Potajes, carne de conejo y truchas a la navarra. Especialidades canarias. Ambiente sencillo y familiar. Local a pie de la carretera TF 21.

Haydée by Víctor Suárez

- ✉ Barranco La Arena, 53.
- ☎ 822 902 539.
- 🖱 www.restaurante haydee.rest

Cocina canaria de autor comandada por el chef Víctor Suárez. Dos menús degustación (110 y 135 €, sin maridaje).

La Duquesa

- ✉ Pza. Patricio García, 6-B.
- ☎ 922 334 949.
- 🖥 Precio medio: 15 €.

Solo almuerzos. Cocina típica canaria: potajes canarios, conejo en salmorejo, pescado, ropavieja, quesos…

Liceo de Taoro

- ✉ San Agustín, 6.
- ☎ 922 330 119.
- 🖱 www.liceodetaoro.es
- 🖥 Precio medio: 20 €.

Cocina canaria en una mansión de 1925 con pabellones, terrazas y jardines afrancesados. Merece la pena por su magnífica ubicación, frente a la plaza y junto al jardín Victoria.

Parador Las Cañadas del Teide

- ✉ Las Cañadas del Teide. Parque Nacional del Teide.
- ☎ 922 386 415.
- 🖱 https://paradores.es
- 🖥 Precio medio: 35-45 €.

Especialidades canarias e internacionales: sama a la parrilla, rancho canario, puchero, conejo al salmorejo, caldereta de cordero, turrón de gofio… Hermosas vistas al Teide.

Sabor Canario

- ✉ Carrera Escultor Estevez, 17.
- ☎ 922 322 793.
- 🖥 Precio medio: 20-30 €.

Cocina tradicional canaria en un bonito patio interior de uno de los edificios más antiguos del casco histórico de La Orotava.

Taoro Casa Egon

- ✉ León, 5.
- ☎ 922 330 087.
- 🖥 Precio medio: 15-30 €.

Preciosa venta antigua abierta en 1916 por el cocinero alemán Alfred Wende. Cocina canaria y de influencia alemana. Excelentes postres y vino de la casa. Espectacular *brunch*.

Victoria

- ✉ Hermano Apolinar, 8.
- ☎ 922 331 683.
- 🖱 www.hotelrural victoria.com
- 🖥 Precio medio: 35 €.

La antigua casa señorial que hoy alberga este restaurante ofrece una cocina sugerente y exquisita.

Izakaya Lo

- ✉ Plaza V Centenario, s/n.
- ☎ 634 981 438.
- 🖥 Precio medio: 30-40 €.

Cocina fusión canario-japonés. Ofrece platos como el *tartar* de atún al estampido (huevos rotos) o el *nigiri* con mojo rojo y chips de papa canaria.

PLAYA DE LAS AMÉRICAS

Bogey

- ✉ Hotel Las Madrigueras. Urbanización Golf Las Américas, s/n.
- ☎ 922 777 818 .
- 🖱 www.hotellas madrigueras.com
- 🖥 Menú degustación: desde 90 €.

Solo noches. Jesús González es un chef de altos vuelos. Ya lo demostró en su anterior etapa al frente de la cocina de El Duende. Producto de proximidad resaltando sabores, aromas y texturas.

Mamma Rosa

- ✉ Avda. Santiago Puig, 2. Apartamentos Colón II.
- ☎ 922 794 819, 603 16 94 24.
- 🖥 Solo cenas.
- 🖥 Precio medio: 30 €.

Especializado en cocina internacional y escandinava. Buenas pastas, carnes y pescados.

PUERTO DE LA CRUZ

Bambi Gourmet

- ✉ Enrique Talg, 15.
- ☎ 822 902 836.
- ☷ Precio medio: 20-45 €.

Original selección de platos de la gastronomía rumana y otros fusionados con la cocina local.

El Taller Seve Díaz

- ✉ San Felipe, 32.
- ☎ 822 257 538.
- ⌨ https://eltallerseve diaz.com
- ☷ Precio medio: 30-45 €.

Seve Díaz es un cocinero autodidacta que elabora platos tradicionales con un toque de autor. Mejor reservar.

Casa Pache

- ✉ De la Verdad, 6.
- ☎ 922 372 524.
- ☷ Precio medio: 15-20 €.

A dos pasos de la popular Plaza del Charco: cocina tradicional canaria de la que no te esperas en un núcleo tan turístico. Volverás.

Cumai

- ✉ AluaSoul Orotava Valley. Manuel Yanes Barreto, 13
- ☎ 682 202 546.
- ⌨ www.cumai restaurante.com
- ☷ Precio medio: 50-60 €.

Curro Palomares y María Pérez son el alma de este restaurante de hotel que conserva la inspiración de su primera casa de comidas. Cocina española actualizada.

La Cofradía de Pescadores

- ✉ Las Lonjas, 5.
- ☎ 922 383 409.
- ⌨ www.lacofradia depescadores.es
- ☷ Precio medio: 20-30 €.

Especialidad en pescados. Ambiente informal. Terraza.

Mesón Los Gemelos

- ✉ El Peñón, 4.
- ☎ 922 370 133.
- ☷ Precio medio: 20 €.

Local con dos ambientes: interior y exterior, situado en el casco antiguo del Puerto. Cocina canaria.

Régulo

- ✉ Pérez Zamora, 16.
- ☎ 922 384 506.
- ☷ Precio medio: 25-30 €.

Nueva cocina canaria y castellana. Destacable su revuelto de lapas con ajos. Precioso patio-comedor en un edificio portuario cerca de la plaza del Charco.

Bodega Julián

- ✉ Mequinez, 20.
- ☎ 686 556 315.
- ☷ Precio medio: 20-25 €.

En el popular barrio de La Ranilla. Cocina tradicional y buen ambiente.

LOS REALEJOS

La Finca

- ✉ Castillo, 48.
- ☎ 922 362 143.
- ⌨ https:// restaurantelafinca.es
- ☷ Precio medio: 35 €.

Prestigioso restaurante de cocina internacional: ensalada de arenque harinado, langostinos en salsa de eneldo, solomillo de jabalí sobre cantarelas o setas... Decoración marinera. Al frente del establecimiento están Jörn Dreisörner y Fátima Pérez.

SANTIAGO DEL TEIDE

El Patio

- ✉ Avda. de la Iglesia, 4.
- ☎ 922 863 204.
- ⌨ www.elpatiosantiago delteide.es
- ☷ Precio medio: 30 €.

Cocina casera bien cocinada. Excelente relación calidad-precio.

Pancho

- ✉ Avenida Marítima, 26. Playa de la Arena, s/n (Puerto de Santiago).
- ☎ 922 861 323.
- ⌨ www.restaurante pancho.es
- ☷ Precio medio: 30-40 €.

Cocina canaria e internacional. Platos insulares con toques de modernidad. La carta cambia al menos dos veces al año. Productos de mercado y cocina *gourmet*. Dispone de una agradable terraza frente al mar.

El Rincón de Juan Carlos

- ✉ Royal Hideaway Corales Beach. Av. Virgen de Guadalupe, 21. La Caleta de Adeje.
- ☎ 922 868 040.l www.elrincondejuan carlos.com
- ☷ Menú degustación: 170 €.

El restaurante de los hermanos Padrón ostenta dos estrellas Michelin. De la imaginación al paladar. Reservar.

LOS SILOS

El Mundial 82

- ✉ La Marina, 18. La Caleta de Interián.
- ☎ 922 840 969.
- ☷ Precio medio: 25 €.

Muy popular. Conocido y reconocido por sus excelentes platos de pescados y su sabrosa cocina canaria.

TACORONTE

El Campo

- ✉ Ctra. General del Norte, 350. Los Naranjeros.
- ☎ 922 561 761.
- 🌐 www.restaurante elcampo.es
- 🍽 Precio medio: 35 €.

Cocina especializada en carnes, mojos y setas. Asados y parrillas. Los cortes de carne se preparan delante de los clientes. También cocina canaria y pescados.

Los Junquitos-Mi Merced

- ✉ Camino Real Orotava, 209.
- ☎ 922 567 236.
- 🍽 Precio medio: 20 €.

Carne a la brasa y cherne sancochado.

Los Limoneros

- ✉ Carretera General del Norte, km 15,5 (Los Naranjeros).
- ☎ 922 636 637.
- 🍽 Precio medio: 50-75 €.

Cocina internacional y tradicional. Especialidad en pescados y mariscos fresquísimos y bien cocinados. Caro, pero con un servicio de alto nivel, una buena carta clásica y gran bodega.

TEGUESTE

Casa Tomás

- ✉ Callejón de la Iglesia, 2.
- ☎ 922 638 007.
- 🌐 www.restaurante casatomas.com
- 🍽 Precio medio: 25 €.

Cocina canaria. Famoso por las típicas costillas guisadas con papas arrugadas. Muy popular.

Mesón El Drago

- ✉ Marquez de Celada, 2. El Socorro.
- ☎ 922 543 001.
- 🌐 www.dragogamonal.com
- 🍽 Precio medio: 35-55 €.

Sin duda, uno de los mejores restaurantes de Canarias. Ubicado en una casa solariega canaria del siglo XVIII.

Tapeo

SANTA CRUZ DE TENERIFE

Taberna El Cambullón

- ✉ Bethencourt Alfonso, 2.
- ☎ 922 270 250.
- 🌐 www.tabernael cambullon.com

Fantástica taberna que toma su nombre del *cambullón,* actividad de compra y venta que nace a finales del siglo XIX, casi siempre en forma de trueque, y que se practicaba con los barcos de diferentes nacionalidades que arribaban a la isla. Buen jamón y buen vino, nacional y canario. Tapas muy cuidadas y a precios algo elevados, pero merecen la pena (*tartar* de atún rojo, berenjenas con miel...). Mesas en la calle junto a una tienda de productos propios y especializados.

Bar Charcutería La Garriga

- ✉ Pérez Galdós, 24.
- ☎ 922 285 501.

Embutidos, chacinería catalana, vinos, licores y sus épicos bocadillos, muy especialmente el bocata de tortilla de chacina (recortes de embutidos) de la casa.

Tasca Los Pulpitos

- ✉ La Rosa, 53.
- ☎ 922 984 183.

Pequeña tasca en el Toscal famosa por sus platos de pulpo (pulpo guisado, croquetas de pulpo, tortilla de pulpo...), que el dueño se jacta de pescar él mismo. Sitio singular con comida a base de pulpo y productos de La Palma. Excelente el queso asado, el pulpo frito, la tortilla de pulpo y el calamar sahariano.

Tasca de la Mar el Mero

- ✉ Rosa, 11 esq. Santa Clara.
- ☎ 697 397 696.

Acogedora tasca en el Toscal con 2 mesas y zona de barra. Solo abren por la noche de martes a jueves, y viernes y sábado también a mediodía. Ambiente muy cálido, buen servicio, ricas tapas (gambas de Huelva, berenjena con parmesano, pastel de carne...) y estupenda relación calidad precio.

GUACHINCHES

La forma más auténtica de conocer y disfrutar la cocina popular chicharrera y los vinos de su tierra es visitar los *guachinches* de la isla. Se trata de establecimientos normalmente abiertos en casas particulares que sirven vino de la tierra y buena comida: carne de fiesta, garbanzas, conejo en salmorejo, churros de pescado, costillas con papas, carne de cabra… En todos se puede comer por un precio medio entre 10 y 20 €.
Reseñamos aquí varios *guachinches* de cada una de las zonas donde más abundan, pero hay muchísimos más, casi todos en el norte de la isla. Es cuestión de perderse con el coche, preguntar e investigar.

La Matanza de Acentejo

Lomo Santo
✉ Ctra. San Antonio, 50.
☎ 922 577 653.
Croquetas de castañas, ropa vieja con pulpo y conejo frito.

La Cueva
✉ Arrayán, 36.
☎ 922 579 074.
Escaldón, tomate empanado, y carne de conejo o de cabra.

Martes Trancao
✉ Ctra. de San Antonio, 35.
☎ 922 577 424
Lentejas fritas y ropavieja de pulpo.

La Orotava

Los Gómez "Casa Jesús"
✉ Camino Los Gómez, 21.
Ropa vieja, carne de fiesta, escaldón, huevos estampados y buen vino.

Casa Nicolás
✉ Calle del Rosario, 21. La Perdoma.
🕐 Abre en mayo y cierra cuando se termina el vino.
Especialidad: costillas.

El Molinero
✉ Los Salesianos, 20.
☎ 656 898 405.
Costillas asadas, pollo frito.

Las Chozas El Pastor
✉ Camino del Sauce, 19.
☎ 690 928 811.
Especialidad en carne de cabra.

Los Realejos

El Pino
✉ Calle la Longuera, 102. Zona del Toscal-Longuera.
Costillas con papas.

Las Galanas
✉ Ctra. General de la Montaña, 48.
Especializado en garbanzas con carnes y pulpo guisado.

Los Caballos
✉ Camino El Lagar, 25.
☎ 636 421 480.
Gofio, fabada, croquetas, pescado salado.

La Suertita
✉ Calzadilla, s/n. Finca La Suertita.
En la carta, almogrote, garbanzas, carne con papas, pescado encebollado. Excelente vino.

LA LAGUNA

Bodegón Tocuyo

✉ Juan de Vera, 16.
☎ 922 250 045.
Selección de vinos de la isla entre paredes llenas de pintadas (a boli). Todo un clásico de La Laguna donde tomarse unos vinos y tapear algo. Frecuentado por universitarios desde siempre.

Taberna La Casa de Óscar

✉ Herradores, 66.
☎ 922 265 214.
Taberna en el centro con tapas tradicionales.

LA OROTAVA

Bar Parada

✉ San Agustín, 3.
☎ 822 612 148.
🖰 https://barparada.net

Un local de toda la vida que fue reformado hace unos años y convertido en tasca gastrobar. En el casco histórico de La Orotava, tienen terraza en la plaza de la Constitución. Perfecto para tomarse algo y picar unas tapas o raciones.

Venta El Gomero

✉ Calvario, 4.
☎ 922 523 589.
Como su mismo nombre indica está especializada en productos de la vecina isla de La Gomera. No perderse el almogrote y los quesos.

Fariña 1920

✉ Calvario, 14.
☎ 922 367 806.
Carta de tapas, vinos isleños y cervezas artesanales.

PUERTO DE LA CRUZ

Chiringuito Pipo

✉ La Marina, 2. Junto al muelle pesquero y la casa de la Aduana.
Raciones de morena, pulpo, atún, gambas, sardinas, etc. Económico y auténtico.

Arcón Tapas

✉ Plaza Concejil, 2.
☎ 922 375 131.
Buena carta de tapas marineras. Muy concurrido. Terraza.

Tasca El Olivo

✉ Iriarte, 1.
☎ 645 311 580.
Sartenadas, montaditos, pinchos de calidad, vino canario. Todo con una buena presentación y atención esmerada.

▍La noche

NORTE

Santa Cruz de Tenerife

Imprescindibles de la noche

Terraza Isla de Mar

✉ Avenida Víctor Zurita Soler, s/n.
☎ 664 254 797.
🖰 www.islademar.com
Frente al Muelle Sur, ambiente urbano y divertido. Al aire libre.

El Hombre Bala

✉ Avda. Francisco La Roche, 7.
☎ 922 287 865.
🖰 https://elhombrebala.com
Rock-café con público marchoso. Impresionante carta de cervezas

Lone Star

✉ Avda. Francisco La Roche, 11.
☎ 922 983 509.
Abierto todos los días desde las 20.30 h, viernes y sábado hasta las 4 h, y música en directo todos los fines de semana. De los mejores locales de la capital para disfrutar de música de calidad hasta altas horas, con una gran programación de conciertos y clientela fiel y variopinta. Muy buena selección de bourbons y whiskeys estadounidenses y mesa de billar. Terraza en la avenida Francisco la Roche, en plena zona de locales de copas.

La Movie Social Club

✉ Paseo Milicias de Garachico, 1.
☎ 648 676 525.
Junto a la Plaza de España. Música en directo y buen ambiente. Abierto de miércoles a sábado de 20 h a 4 h/5.30 h.

Cócteles

Café Atlántico

✉ La Marina, 1, plaza de España, en los bajos de la Sociedad del Casino.
☎ 922 246 909.
Café con muchísima historia que mantiene la estética original. Inmejorable terraza donde disfrutar de una buena copa.

La Casita Café

- Jesús Nazareno, 14.
- 922 247 851.
- www.facebook.com/lacasitasantacruz

Precioso local con aire *vintage,* buenos cócteles y una gran selección de repostería casera.

Bulan Restaurante & Chill Out

- Antonio Domínguez Alfonso, 35.
- 922 274 116.
- https://bulantenerife.com

Perfecto para un cóctel al anochecer en su azotea, con unas espectaculares vistas del Tenerife Espacio de las Artes (TEA) iluminado. Famoso por sus mojitos, ofrece también cocina de picoteo.

Más de la noche...

Andén Bar

- Calle del Perdón, 41.
- 922 271 325.

Un clásico de la noche tinerfeña, con buen ambiente y para todo tipo de personas. Antes era el Espacio 41, un lugar de culto.

San Crisóba de La Laguna

Ciudad universitaria famosa por su movimiento nocturno, especialmente en la zona conocida como El Cuadrilátero.

Aguere Espacio Cultural

- Herradores, 47.
- https://aguerecultural.com

Mítico espacio cultural de La Laguna e indudable punta de lanza de la música, el arte y la cultura en la isla. Abierto en un antiguo cine que ofrece en sus salas conciertos, cine, obras de teatro… y una ecléctica y rica oferta. Con un bar cafetería a la entrada y frente a la barra un pequeño escenario.

El Rincón de Tintín

- Plaza de la Concepción, 7. Local 5.
- www.facebook.com/elrincondetintin
- Horario: todos los días de 18 h a 2 h.

Local puntero de la noche lagunera. Abierto en una casa de 1500 en el casco histórico, con terraza y programación de conciertos, djs, monólogos, lecturas poéticas, presentaciones de libros… Tienen dos barras, una de alta coctelería y otra de cervezas nacionales e internacionales. Todo tipo de público y buen ambiente. Muy recomendable.

El Siete Café Teatro

- Calle El Juego, 7.
- www.facebook.com/cafeteatrosiete

Magnífico patio interior para conciertos y espectáculos… Un imprescindible de la noche de La Laguna frecuentado por gente joven. Muy interesante tanto por la tarde como por la noche, e incluso por las mañanas.

Búho Club

- Catedral, 3.
- 686 479 388

Música en vivo de miércoles a domingo, sobre todo bandas canarias. De 19 h a 3 h. Buen ambiente.

SUR

Hay infinidad de bares, debido a la masiva afluencia de turistas británicos, alemanes y rusos, pero cabe reseñar especialmente algunas de sus más emblemáticas discotecas y *chill outs* a pie de playa.

Costa Adeje

Hard Rock Cafe Tenerife

- Avda. Las Américas, s/n, Playa Paraíso.
- 922 055 022.
- https://cafe.hardrock.com/tenerife/es/

Música en vivo y dos exclusivas terrazas.

Papagayo Tenerife

- Avda. Rafael Puig y Lluvina, 2. Playa de Troya.
- 922 788 916.
- https://papagayotenerife.com

Local de moda situado en un enclave fantástico, frente a la playa de Troya. Con aire ibicenco tipo *chill out* y un ambiente extraordinario.

Playa de Las Américas

Monkey Beach Club

- Avenida de Rafael Puig, 3. Playa de Troya.
- www.monkeybeachclub.com

Un sitio increíble, junto al mar, con sesiones los fines de semana estivales hasta las 3 h y fiestas muy movidas.

▌ Deportes

SURF

En Tenerife se puede practicar surf durante todo el año. Cuenta con muy buenas condiciones de mar y oleaje, y un clima envidiable. La mejor época para hacerlo es de noviembre a febrero. En verano, en el norte de la isla; en invierno, en el sur.

Las principales playas para la práctica del surf son:

En el norte

Santa Cruz de Tenerife
Igueste de San Andrés: 5 estrellas. Una de las mejores del norte. Olas con características idóneas para el *body board*.
Punta del Hidalgo
El Callao: 5 estrellas. Marea media. Fondo de roca. Viento sur. Oleaje fuerte del norte. La mejor época: otoño-invierno.
Bajamar
El Charco: 4 estrellas. Agua poco contaminada. Todo tipo de mareas. Fondo de roca. Vientos sur y suroeste. Excelente durante todo el año.
Los Realejos
El Socorro: 4 estrellas. Bandera Azul. Idónea para el *body board*. Todo tipo de mareas. Fondo de arena. Viento sur. Perfecta todo el año.
Garachico
La Caleta: 5 estrellas. Dificultad alta. Ideal para el *body board*. Marea media. Fondos de roca. Viento sur. Perfecta de otoño a primavera.

En el sur

Guía de Isora
Las Conchas: 4 estrellas. Dificultad alta. Una de las más conocidas de la costa sur. Marea alta. Fondo de rocas. Viento del sur. Ideal en invierno.
Punta Blanca: 5 estrellas. Marea baja y media. Fondo de rocas. Viento del sur. Ideal en invierno.
Playa de las Américas
Las Palmeras: 5 estrellas. Dificultad media. De las mejores para practicar surf en el sur de la isla. Idónea para *body board*. Olas de excelente calidad en cualquier época del año. Ideal en invierno.
El Conquistador: 5 estrellas. Considerada como una de las mejores de la isla. Marea media. Fondo de rocas. Viento sur.
Las Galletas
Las Galletas: 4 estrellas. Todas las mareas. Fondos de arena y rocas, pero mayoritariamente rocoso. Viento sur.

WINDSURF Y KITESURF

El Médano
En el sur de Tenerife, El Médano es la meca del *windsurf* y el *kitesurf*. Único punto en la isla con viento constante 250 días al año.
Playa sur o de la Bahía.
Playa del Cabezo: Aquí se celebra el mundial de *windsurf* de la PWA.
El Muelle: Detrás del Puertito.

INMERSIONES

Bob Diving
✉ Puerto Colón
☎ 610 688 205.
🌐 www.excursiones tenerife.com
Inmersiones en alta mar con motos submarinas.

Submarine Safari
✉ Marina San Miguel
☎ 922 736 629.
🌐 www.submarine safaris.com
Inmersiones a 30 m de profundidad.

PESCA DE ALTURA

Punta Umbría
✉ Los Gigantes
☎ 922 325 536.
🌐 https://catamaran tenerife.com
También paseos para observar delfines y ballenas.

Yate Sofía
✉ Los Cristianos
☎ 607 699 998.
🌐 www.yatesofia.com

Neptuno Experiencie
✉ Costa Adeje
☎ 666 542 881.
🌐 www.barcostenerife. com
Dos veleros y un yate para avistamiento de ballenas y delfines.

SENDERISMO Y OTROS

Anaga Atrapiés
✉ El Batán, 34. La Laguna.
☎ 676 526 605.
🌐 www.anaga atrapies.com

Rutas de senderismo en toda la Isla, aunque son especialistas en el Parque Rural de Anaga.

Patea tus Montes
- ✉ La Orotava
- ☎ 608 641 675.
- 🌐 https://pateatus montes.com

Senderismo por toda la isla, barranquismo y kayak.

Bicácaro Tenerife Adventour
- ✉ Urb. Mayber, 30. La Laguna
- ☎ 690 340 069.
- 🌐 https://bicacaro.com

Distintas opciones de rutas guiadas por el norte, Anaga, sur de Tenerife...

Trekking Masca
- ✉ Poblado Marinero, local 25, Los Gigantes.

- ☎ 922 862 120.
- 🌐 https://trekking masca.com

Observación de las Estrellas
- ☎ 922 236 299, 647 872 484.
- 🌐 www.astroamigos.com

Paseos para observaciones astronómicas con telescopio. Grupos reducidos.

▌Niños

ANIMALES
Arona

Jungle Park
- ✉ Urbanización Las Águilas del Teide. Arona.
- ☎ 922 729 010.
- 🌐 www.junglepark.es
- ⏱ Todos los días de 10 h a 17.30 h.

Jardín botánico, atracciones, zoológico con tigres, leones, pingüinos, monos, mapaches, puercoespines, cocodrilos, serpientes, tortugas, iguanas...

Monkey Park
- ✉ Llano Azul, 17. Arona.
- ☎ 922 790 720.
- 🌐 http://monkey park.com
- ⏱ Todos los días de 9.30 h a 16 h.

Parque temático dedicado a los monos, con chimpancés, lémures, titís, y también con serpientes y cocodrilos.

Atlantic Eco Experience
- ✉ Reykjavic, s/n. Complejo Las Amapolas.
- ☎ 638 770 306.
- 🌐 www.atlanticeco experience.com

En pequeñas embarcaciones y acompañados por un biólogo: la mejor opción para disfrutar del avistamiento de cetáceos, tortugas y aves marinas.

Ocean Blue Tenerife
- ✉ Puerto Colón, Pantalán, 5. Arona.
- ☎ 665 549 366.
- 🌐 https://oceanblue tenerife.es

Cruceros de avistamiento de cetáceos y de fauna marina.

Icod de los Vinos
Camello Center
- ✉ Ctra. General TF 82, km 10, 200. El Tanque (a 10 minutos de Icod).

- ☎ 922 136 191.
- ⏱ Todos los días de 10 h a 17 h.
- 🌐 http://camello center.es
- 🎫 Adultos: 13 €; niños: 10 €.

Reserva de fauna canaria. Excursiones a camello en una caravana ataviada al uso árabe. Después se puede tomar un té moruno o comer en el restaurante canario.

Playa de Las Américas
Kayaking Tenerife
- ✉ Paseo Marítimo, 17. Los Cristianos.
- ☎ 671 408 970.
- 🌐 https://kayaking-tenerife.com/es

Esnórquel con tortugas y kayak con delfines.

Puerto de la Cruz

Loro Parque

- ✉ Puerto de la Cruz.
- ☎ 922 373 841.
- 🖱 www.loroparque.
  com
- ⏰ De 9.30 h a 17.30 h.

Abierto en 1972. Gran parque zoológico con infinidad de plantas, flores exóticas y precioso jardín de orquídeas. Importante colección de papagayos, de las mejores del mundo, con más de 230 especies y un total de 1.300 aves. Hacen actuaciones con papagayos amaestrados. También cuenta con un delfinario y varios acuarios con actuaciones de delfines y leones marinos.

PARQUES ACUÁTICOS

Arona

Aqualand

- ✉ Avda. Austria 15, San Eugenio Alto.
- ☎ 922 715 266.
- 🖱 www.aqualand.es
- ⏰ Todos los días de 10 h a 17 h.
- 🎫 Adultos: 32 €; niños: 25 €.

Parque acuático con 18 atracciones. Espectáculo de delfines. Amplias zonas infantiles.

Costa Adeje

Siam Park

- ✉ Salida 29 de la autopista del Sur Costa Adeje
- ☎ 822 070 000.
- 🖱 https://siampark.net
- ⏰ Todos los días de 10 h a 18 h.

Uno de los mejores parques acuáticos de Europa con múltiples atracciones.

PISCINAS

Puerto de la Cruz

Complejo Costa Martiánez

- ✉ Avda. Cristóbal Colón, s/n.
- ☎ 922 385 955.
- 🖱 https://lago martianez.es
- ⏰ Julio, agosto y septiembre, de 10 h a 18 h. Resto del año, de 10 h a 17 h.

Conjunto de piscinas diseñadas por César Manríque que forman un lago artificial de 13 000 m². El lago está rodeado por una abundante vegetación tropical. Dispone de una sala de fiestas.

Santa Cruz de Tenerife

Parque Marítimo César Manrique

- ✉ Avda. Constitución, 5.
- ☎ 922 229 368.
- 🖱 https://parque maritimosantacruz.es
- ⏰ En verano, de lunes a domingo de 10 h a 19 h. En invierno de 10 h a 18 h.
- 🎫 Adultos, 7,50 €. Niños: 4 €.

Elegantes piscinas de César Manríque. Cuenta con tres piscinas de agua salada, zonas de solárium, restaurantes y tiendas.

EN LA NATURALEZA

Arona

Finca Las Margaritas

- ✉ La Estrella del Sur, Avda. La Calma s/n (junto a la TF-66). Guaza.
- ☎ 623 024 788.
- 🖱 https://lasmargaritas bananaexperience. com
- 🎫 Adultos: 10 €.

Visita guiada a una explotación bananera. Posibilidad de hacerla con una audioguía.

La Esperanza

Forestal Park

- ✉ Ctra. TF 24, km 16. Las Lagunetas.
- ☎ 630 385 742.
- 🖱 www.forestalpark tenerife.es
- 🎫 Adultos: 26 €; niños (de 5 a 12 años y 1,10 m de estatura mínimo): 21 €.

Tirolinas en los hermosos bosques de la Esperanza. 90 juegos en altura y 11 tirolinas gigantes.

Parque Nacional de las Cañadas del Teide

Teleférico Teide

- ✉ Parque Nacional del Teide.
- ☎ 922 010 440.
- 🖥 www.volcanoteide.com
- 🕐 De 9 h a 16/17.40 h subidas. De 9 h a 16.50/18.30 h bajadas.
- 💳 Adultos: 41 €; niños: 20,50 €.

Trayecto de 8 minutos sobre volcanes, cráteres y ríos de lava.

Puerto de la Cruz

Jardín Botánico Jardín de aclimatación

- ✉ Calle Retama, 2.
- ☎ 922 383 572.
- 🕐 De 9 h a 18 h.
- 💳 Adultos: 3 €; niños, gratis.

Hermoso jardín botánico fundado en 1792 para la aclimatación de plantas americanas y asiáticas que no podían sobrevivir en el duro clima de Aranjuez o Madrid. El jardín posee una completa colección de especies procedentes de todo el mundo.

OTRAS DIVERSIONES

Arona

Karting Club Tenerife

- ✉ Ctra. Chó-Las Chafiras, s/n. Parque la Reina.
- ☎ 922 730 703.
- 🖥 www.kartingtenerife.com

Cuenta con una espléndida pista convertible en dos circuitos diferentes para practicar este deporte (sénior y júnior). Dispone de cafetería, aparcamiento y tienda de recuerdos.

Güímar

Pirámides de Güímar

- ✉ Calle Chacona, s/n.
- ☎ 922 514 510.
- 🖥 www.piramidesdeguimar.es
- 🕐 De 10 h a 18 h.

Parque etnográfico. Complejo piramidal, museo Casa Chacona, auditorio, jardines canarios, parque infantil, cafetería, tienda…

San Miguel de Abona

Aventura Medieval Castillo San Miguel

- ✉ Aldea Blanca. San Miguel de Abona.
- ☎ 922 374 811.
- 🖥 www.medievaladventure.com

Espectáculo medieval con duelos, lucha, espectáculos y cena. Diversión para toda la familia.

MUSEOS

La Laguna

Museo de la Ciencia y el Cosmos (MCC)

- ✉ Avda. Los Menceyes, 70.
- ☎ 922 315 265.
- 🖥 www.museosdetenerife.org
- 🕐 De lunes a sábado de 9 h a 19 h, domingo y festivos de 10 h a 17 h.

Divertidísimo museo donde los niños pueden interactuar con los objetos expuestos y aprenden sobre ciencia y naturaleza. También cuenta con un pequeño planetario. Muy recomendable, didáctico y entretenido. También organiza acampadas y noches astronómicas.

Museo de Historia y Antropología de Tenerife (MHA)

- ✉ San Agustín, 22. Casa Lercaro.
- ☎ 922 825 949.
- 🖥 www.museosdetenerife.org
- 🕐 De lunes a sábado de 9 h a 19 h, domingo y festivos de 10 h a 17 h.

Ubicado en el núcleo histórico, ofrece una completa presentación de la historia y la cultura de la isla.

Santa Cruz de Tenerife

Museo de Naturaleza y Arqueología (MUNA)

- ✉ Fuentes Morales, 1. Antiguo Hospital Civil.
- ☎ 922 535 816.
- 🖥 www.museosdetenerife.org

Fantástico museo pensado para niños y mayores. Causa un gran impacto contemplar las momias de los guanches. Para conocer la riqueza natural y etnográfica de las islas, la cultura guanche, su forma de vida, con esa colección de objetos anteriores a la llegada de los conquistadores peninsulares. Muy recomendable.

▌Compras

GASTRONÓMICAS

Tenerife ofrece una fantástica variedad de quesos de cabra, vinos (sobre todo blancos y malvasías), mieles, gofios, mojos… y una exquisita repostería.

Hay mercadillos semanales del agricultor en Adeje, El Rosario, Tacoronte, Santa Úrsula, La Matanza de Acentejo, Garachico, Arafo, Los Silos y Guía de Isora (consultar www.web tenerife.com)

Garachico

El Trueque Gourmet
- ✉ Callejón Venus, s/n.
- ☎ 610 775 504.

Una propuesta distinta, *gourmet* y auténtica de productos típicos. Vinos y destilados canarios, quesos, mermeladas, mojos, mieles, vinagres y artesanía. Mesita en el callejón para degustar el queso y el vino.

La Laguna

Mercado de La Laguna
- ✉ Plaza del Cristo.

Mercado municipal, junto al Santuario del Cristo, situado en una enorme plaza. En los puestos exteriores, pájaros, ropa, mascotas y, sobre todo, flores. Dentro, quesos, legumbres, miel de caña, dietética, fruterías… Con un par de bares. Locales 2 y 6: excelentes dulces de batata, almendrados, pastelitos de guayaba, de cabello de ángel, laguneros de crema, ros-

quetas de Guía de Isora, cocadas y tortas de almendra de la dulcería artesana de Vilaflor.

Santa Cruz de Tenerife

El Gusto por el Vino
- ✉ San Sebastián, 55.
- ☎ 922 882 890.
- 🖥 https://elgustopor elvino.com

Cien referencias de vinos canarios de todas las islas. Gran enoteca de vinos nacionales e internacionales muy cerca de La Recova (Mercado de Nuestra Señora de África).

Mercado de Nuestra Señora de África
- ✉ Plaza del Mercado.
- 🖥 https://la-recova.com
- 🕐 De lunes a sábado, de 6 h a 14 h. Domingo, de 7 h a 14 h.

Precioso mercado de abastos también conocido como La Recova, con mesas al aire libre para tomarse un café o una cerveza. En la planta de calle pueden comprarse flores, pasta fresca, té, pollos asados, quesos canarios, carne del país, vino canario, mojos, frutas y verduras…Comercios a destacar dentro del mercado son: **Antojitos de mi Tierra** (Patio naciente, locales 20 y 21; telf. 637 396 919; https://antojitosdemitierra.es), con productos importados de Latinoamérica: famosas las empanadas de carne mechada, también papas rellenas, tequiñones, buñuelos, chicha…; por encargo, tamales, halla-

cas y tortas. El puesto más concurrido de la planta baja, en la zona de las pescaderías, es **Nicomedes** (ostras, atún rojo, marisco…). En los laterales del mercado hay bares de los de toda la vida con vino del país, como en las ventas en la calle Darias, Padrón y José Hernández Alfonso.

El Sauzal-Tacoronte

La Casa del Vino de Tenerife
- ✉ San Simón, 49. Finca La Baranda. El Sauzal.
- ☎ 922 572 535.
- 🖥 www.casadelvino tenerife.com
- 🕐 Tienda, degustación y museos: de martes a sábados de 10 h a 20 h. Restaurante y terraza: de martes a viernes de 12 h a 22 h, sábado de 10.30 h a 22 h, domingo y festivos de 10.30 h a 19 h.

Catas de vino. Vinoteca y tienda. Museo del Vino, restaurante y tasca.

Centro de visitantes de la Miel de Tenerife
- ✉ San Simón, 51. Finca La Baranda. El Sauzal.
- 🖥 www.casadelvino tenerife.com

Otro museo donde se explica el proceso de elaboración de las mieles locales y la historia de la actividad apícola en la isla.

Bodega Álvaro
- ✉ Álvaro Ramos, 4.
- ☎ 922 560 359.
- 🖥 http://bodegas-alvaro.com

Vinos de las islas.

ARTESANÍA

En Tenerife hay una importante tradición artesana. Especialmente valorados son los calados y bordados, aunque cuenta también con una afamada cerámica, rústica y elaborada sin el uso de horno, así como cestería caracterizada por su rusticidad y funcionalidad. Las telas (mantas, alfombras de lana, trajes, chales, pañuelos de seda, etc.) y los trabajos en madera tienen asimismo gran tradición en la isla.

La Orotava

La Casa de los Balcones

- ✉ San Francisco, 3.
- ☎ 922 330 629.
- 🖥 https://casa-balcones. com
- ◉ De lunes a viernes de 8.30 h a 19 h; sábado, domingo y festivos de 9 h a 19 h.

Una casa de 1632 con una majestuosa fachada con balcones y un precioso patio interior con maderas talladas.

Alberga un museo de uso y costumbres locales y una tienda con gran variedad de productos de la artesanía popular: calados, bordados, cerámicas, trajes típicos y recuerdos; y también gastronómicos: vino, mojo, licor, ron, miel de palma, repostería, puros…

RASTROS Y MERCADILLOS

Por toda la isla se celebran rastrillos de segunda mano y mercados típicos con productos artesanales y gastronómicos.

Los Abrigos

Mercadillo

- ✉ Plaza del Muelle.
- ◉ De 18 h a 21 h, el martes.

Alcalá

Mercadillo

- ✉ Plaza del Pueblo.
- ◉ De 9 h a 14 h, el lunes.

Costa Adeje

Mercadillo

- ✉ Junto al C.C. El Duque.
- ◉ De 9 h a 14 h, jueves y sábado.

Los Cristianos

Mercadillo

- ✉ Playa de los Tarajales.
- ◉ De 9 h a 14 h, el domingo.

Golf del Sur (San Miguel de Abona)

Mercadillo

- ✉ Junto al hotel Albatros.
- ◉ De 9 h a 14 h, los viernes.

El Médano

Mercadillo

- ✉ En la plaza de la Playa.
- ◉ De 9 h a 14 h, los sábados.

Playa San Juan

Mercadillo

- ✉ Carretera a los Gigantes.
- ◉ De 9 h a 14 h, el miércoles.

Puerto de la Cruz

Mercado de Artesanía y Gastronomía

- ✉ Plaza de Europa. En el Puerto de la Cruz.
- ◉ De 10 h a 15 h, el domingo.

San Isidro

Mercadillo

- ✉ Plaza de la Iglesia.
- 🖥 De 17 h a 21 h, el viernes.

Santa Cruz de Tenerife

Rastro de La Recova

- ✉ Junto al Mercado Nuestra Señora de África.
- ◉ De 9 h a 15 h, domingo.

En los alrededores del Mercado de Nuestra Señora de África y por las calles José Manuel Guimerá y Bravo Murillo. Rastrillo con ropa de segunda mano, artesanía, flores, antigüedades…

OTROS COMERCIOS DE INTERÉS

La Laguna

En la zona peatonal del casco histórico.

Santa Cruz de Tenerife

En el centro, especialmente en la zona peatonal de la calle Castillo y aledaños.

Chicharro Tattoo Gallery

- ✉ Dr. Allart, 50.
- ☎ 922 152 304.
- 🖥 https:// chicharrotattoo gallery.com

Estudio clásico de *tattoo, piercing* y *apparel*.

Librería de Mujeres

- ✉ Sabino Berthelot, 42.
- ☎ 922 270 362.
- 🖥 www.libreria demujeres.com

Interesante librería especializada en literatura de mujeres, que organiza eventos literarios.

Alojamientos

SANTA CRUZ DE TENERIFE

La oferta hotelera de la capital resulta escasa, pero los alojamientos de gama alta son más económicos que en otras zonas de la isla.

Iberostar Heritage Grand Mencey*****

- ✉ Dr. José Naveiras, 38.
- ☎ 922 609 900.
- 🖥 www.iberostar.com
- 🛏 Habitación doble: desde 115 €.

El hotel de lujo por excelencia de Santa Cruz, un referente histórico (Elizabeth Taylor y Joan Miró durmieron aquí). Bellísimo, con solera y en un enclave privilegiado, junto al parque García Sanabria. Un oasis con fantásticos jardines y *spa*.

Urban Anaga Hotel****

- ✉ Imeldo Serís, 19,
- ☎ 922 048 137.
- 🖥 https://urban anagahotel.com
- 🛏 Habitación doble: desde 85 €.

Inaugurado en 2019: urbano, funcional y bien situado. Terraza con restaurante en la séptima planta.

Hotel Escuela Santa Cruz****

- ✉ Avda. San Sebastián, 152.
- ☎ 922 847 500.
- 🖥 www.hotelescuela santacruz.com
- 🛏 Habitación doble: desde 79 €.

Moderno hotel frente al estadio Heliodoro Rodríguez. Piscina interior, todas las comodidades, excelentes servicios.

Hotel Silken Atlántida Santa Cruz****

- ✉ Avda. 3 de Mayo, esquina Aurea Díaz Flores.
- ☎ 922 294 500.
- 🖥 ww.hoteles-silken.com
- 🛏 Habitación doble: desde 108 €.

Muy cerca del intercambiador de autobuses, del auditorio y de las piscinas de César Manrique. Moderno, cómodo, funcional.

Hotel Colón Rambla****

- ✉ Viera y Clavijo, 49.
- ☎ 922 27 25 50.
- 🖥 www.hotelcolon rambla.com
- 🛏 Habitación doble: desde 86 €.

Un gran hotel, magnífica piscina interior y restaurante.

Hotel Taburiente Tenerife****

- ✉ Dr. Naveiras, 24 A, frente al parque García Sanabria.
- ☎ 922 276 000.
- 🖥 www.hotel taburiente.com
- 🛏 Habitación doble: desde 75 €.

La mejor opción en relación calidad-precio. Elegante y cómodo. Recomendable su restaurante, *Cayote*.

Hotel Adonis Plaza***

- ✉ Pza. de la Candelaria, 10.
- ☎ 628 567 917.
- 🖥 www.adonisresorts. com
- 🛏 Habitación doble: desde 57 €.

En el pasadizo de plaza de la Candelaria, un hotel de toda la vida.

Hotel Occidental Santa Cruz Contemporáneo***

- ✉ Rambla de Santa Cruz, 116.
- ☎ 922 271 571.
- 🖥 www.barcelo.com
- 🛏 Habitación doble: desde 70 €.

Moderno. Cerca del parque García Sanabria.

Hotel NH Tenerife***

- ✉ Candelaria esquina Doctor Allart.
- ☎ 922 534 422.
- 🖥 www.nh-hotels.com
- 🛏 Habitación doble: desde 71 €.

Moderno y de ubicación envidiable, a un minuto de la plaza de España. Servicios de un cuatro estrellas.

Hotel Príncipe Paz***

- ✉ Valentín Sanz, 33-35.
- ☎ 922 249 955.
- 🖥 www.hotelprincipe paz.com
- 🛏 Habitación doble: desde 71 €.

Moderno y funcional. Gran ubicación, frente a la plaza del Príncipe. Con todas las comodidades.

Hotel Tanausú***

- ✉ Padre Anchieta, 8.
- ☎ 922 217 000.
- 🖥 www.hoteltanausu.es
- 🛏 Habitación doble: desde 50 €.

Muy básico y sencillo. Cerca del TEA y el Mercado de Nuestra Señora de África. Tienda de artesanía a la entrada.

Hotel Adonis Capital**

- ✉ Cruz Verde, 24.
- ☎ 676 929 622.
- 🖰 www.adonisresorts.com
- 🖥 Habitación doble: desde 59 €.

Muy céntrico, junto a plaza de España.

Hotel Atlántico**

- ✉ Castillo, 12.
- ☎ 822 296 990.
- 🖥 Habitación doble: desde 50 €.

Un clásico con servicios básicos. Céntrico.

Hotel Adonis Pelinor**

- ✉ Bethencourt Alfonso, 8.
- ☎ 682 385 920.
- 🖰 www.adonisresorts.com
- 🖥 Habitación doble: desde 50 €.

Agradable. Cerca de la plaza de España. Buenas y amplias habitaciones. Excelente trato.

ANAGA

Albergue Montes de Anaga

- ✉ Ctra. El Bailadero-Chamorga s/n.
- ☎ 922 823 225.
- 🖰 https://albergues tenerife.net
- 🖥 Habitación doble: 40 €.

Hostal en mitad de los montes de Anaga. Actividades de montaña, senderismo, ascensión, etc. Espectacular emplazamiento.

BUENAVISTA DEL NORTE

Hacienda del Conde Meliá Collection*****

- ✉ Paseo Severiano Ballesteros, s/n.
- ☎ 922 061 700.
- 🖰 www.melia.com
- 🖥 Habitación doble: desde 185 €.

Excelentes precios teniendo en cuenta su categoría. Rodeado del campo de golf de Buenavista del Norte. Arquitectura canaria y decoración de inspiración colonial. Enclave espectacular, con vistas al Parque Rural de Teno.

COSTA ADEJE

En este enclave turístico encontramos algunos de los mejores hoteles exclusivos de la isla.

Bahía del Duque*****

- ✉ Avda. de Bruselas, s/n.
- ☎ 922 746 932.
- 🖰 https://thetais hotels.com

Uno de los mejores de la isla. Recrea la arquitectura tradicional canaria y sus empleados utilizan trajes típicos. Sobre la playa del Duque y rodeado por 63 000 m^2 de vegetación tropical y subtropical. 40 villas, centro de *spa* y talasoterapia, y excelentes restaurantes.

Royal Garden Villas*****GL

- ✉ Alcojora, s/n. Campo de Golf Costa Adeje.
- ☎ 922 711 294.
- 🖰 www.royalgarden villas.com
- 🖥 Habitación doble: desde 294 €.

Exótico y de gran lujo, junto al campo de golf. Vistas espectaculares.

Labranda Suites Costa Adeje****

- ✉ Avda. de Bruselas, 8. Playa Fañabé.
- ☎ 922 713 012.
- 🖰 www.labranda.com
- 🖥 Habitación doble: desde 160 €.

En playa Fañabé. Con piscinas, pistas de tenis y solárium.

Hotel Bahía Príncipe Costa Adeje****

- ✉ Urb. Playa Paraíso. Idafe, s/n.
- ☎ 922 723 100.
- 🖰 www.bahia-principe.com
- 🖥 Habitación doble: desde 210 €.

Magníficas instalaciones. Con vistas al mar. Varias piscinas y tres restaurantes.

H10 Gran Tinerfe****

- ✉ Avda. Rafael Puig Lluvina, 13.
- ☎ 922 791 200.
- 🖰 www.h10hotels.com
- 🖥 Habitación doble: desde 166 €.

Junto al mar. Ambiente distinguido. En la parte baja se encuentra el Casino de la Playa de las Américas.

Hotel Iberostar Waves Bouganville Playa****

- ✉ Eugenio Domínguez, 23. Urb. San Eugenio.
- ☎ 922 790 200.
- 🖰 www.iberostar.com
- 🖥 Habitación doble: desde 144 €.

Junto al mar, con bonitas vistas y rodeado de jardines.

Hotel Iberostar Las Dalias****

- ✉ Gran Bretaña, 1.
- ☎ 922 792 712.
- 🖰 www.iberostar.com
- 🖥 Habitación doble: desde 300 € todo incluido.

Familiar, ubicado en la playa del Bobo, a 500 m de la costa.

Dreams Jardín Tropical Resort & Spa**

- ✉ Gran Bretaña, s/n.
- ☎ 911 229 855.
- 🌐 www.hyattinclusivecollection.com
- 🛏 Habitación doble: desde 150 €.

En zona tranquila, junto al mar. Elegante y trato exquisito.

Hotel Meliá Jardines del Teide**

- ✉ Urb. Mirador del Duque.
- ☎ 922 717 030.
- 🌐 www.melia.com
- 🛏 Habitación doble: desde 190 €.

Cerca de playa del Duque, en un privilegiado enclave. Espectaculares jardines y vistas excepcionales. Habitaciones renovadas

Tivoli La Caleta Tenerife Resort**

- ✉ La Enramada, 9.
- ☎ 922 162 000.
- 🌐 www.tivolihotels.com
- 🛏 Habitación doble: desde 170 €.

Estratégicamente ubicado, entre la montaña y la playa. Rodeado por jardines subtropicales.

Olé Tropical Tenerife**

- ✉ Bolivia, s/n.
- ☎ 922 752 121.
- 🌐 www.olehotels.com
- 🛏 Habitación doble: desde 120 €.

Céntrico. A 400 m de la playa. Atención inmejorable.

LOS CRISTIANOS

Al igual que Playa de Las Américas, una de las zonas más turísticas de la isla, con abundante oferta hotelera pero, sobre todo, de gama media.

Paradise Park Fun Lifestyle Hotel**

- ✉ Hawaii, 2.
- ☎ 922 757 227.
- 🌐 www.hotelparadisepark.com
- 🛏 Habitación doble: desde 105 €.

Cerca de la zona marítima. Bonitas vistas elevadas. Piscinas, restaurantes y spa.

Spring Arona Gran Hotel**

- ✉ Avda. Juan Carlos I, 38.
- ☎ 922 750 678.
- 🌐 www.springhoteles.com
- 🛏 Habitación doble: desde 160 €.

Bellas vistas y frondosos jardines. Piscina en la terraza.

GARACHICO

Excelente calidad de alojamientos para el tamaño de la capital del municipio.

Hotel San Roque**

- ✉ Esteban de Ponte, 31.
- ☎ 922 133 435.
- 🌐 www.hotelsanroque.com
- 🛏 Habitación doble: desde 160 €.

Casa señorial del siglo XVIII, reformada, con bello patio interior. Lujo en pleno casco histórico, todos los servicios y comodidades. Tradición y modernidad, muebles Bauhaus. En su interior el restaurante *Anturium*, de cocina creativa y el bar *Hoffman*.

La Quinta Roja

- ✉ Glorieta de San Francisco, s/n.
- ☎ 922 133 377.
- 🌐 https://quintaroja.com
- 🛏 Habitación doble: desde 140 €.

Casa canaria con patio interior en el centro histórico. Muy bonito, elegante y con todas las comodidades. Tasca del vino dentro del hotel.

Gara Hotel Rural

- ✉ Esteban de Ponte, 7.
- ☎ 922 831 168.
- 🌐 www.garahotel.com
- 🛏 Habitación doble: desde 84 €.

Hotel rural con encanto. Precioso, en el casco histórico, en una casa canaria típica. Servicio muy amable.

El Patio Hotel

- ✉ Finca Malpaís, 11. El Guincho.
- ☎ 922 133 280.
- 🌐 www.hotelpatio.com
- 🛏 Habitación doble: desde 105 €.

Impresionante hotel rural en una plantación de plátanos, entre la lava y el mar. Casona del siglo XVI, habitaciones de estilo rústico. Piscina, sauna, jacuzzi, bar…

GUÍA DE ISORA

Cuenta con magníficos hoteles de lujo.

The Ritz-Carlton Tenerife, Abama***

- ✉ Ctra Gral TF 47, km 9.
- ☎ 922 126 000.
- 🌐 www.ritzcarlton.com
- 🛏 Habitación doble: desde 340 €.

Con vistas a La Gomera. Arquitectura de inspiración norteafricana en un jardín con más de 300 variedades de árboles y 25 mil plantas tropicales. Servicio exclusivo en las villas Tagor, solo para adultos. Cuenta con amplio spa y campo de golf de 18 hoyos.

Gran Meliá Palacio de Isora*****

- ✉ Avda. de los Océanos, s/n. Alcalá.
- ☎ 922 869 000.
- 🖥 www.melia.com
- 🛏 Habitación doble: desde 250 €.

Sus restaurantes y el *Spa by Clarins* son sus principales atractivos. La Gomera puede verse desde las habitaciones. Salida directa al mar, cerca de los acantilados Los Gigantes. Cinco piscinas, una de ellas de agua salada de 5000 m^2. Ofrece villas exclusivas, solo para adultos, con mayordomo y piscina propia.

ICOD DE LOS VINOS

Hotel San Agustín

- ✉ San Agustín, 18.
- ☎ 922 813 194.
- 🖥 www.hotelsan agustin.es
- 🛏 Habitación doble: desde 105 €.

Casa canaria de 1736 con un precioso patio interior. Una monada en el centro histórico. Hotel emblemático, muy agradable.

LA LAGUNA

Oferta mínima, pero en un entorno magnífico.

Hotel Laguna Nivaria****

- ✉ Plaza del Adelantado, 11.
- ☎ 922 264 298.
- 🖥 www.lagunanivaria.com
- 🛏 Habitación doble: desde 110 €.

Precioso hotel en un edificio del siglo XVI, en pleno casco antiguo de la Laguna. Referente histórico, con todos los servicios. Cuenta con un restaurante de productos de su propia finca de cultivos biológicos.

Hotel Aguere*

- ✉ Obispo Rey Redondo, 55.
- ☎ 922 314 036.
- 🛏 Habitación doble: desde 100 €.

Frente al Teatro Leal, en el corazón de la zona peatonal. Precioso patio de entrada. Auténtico, con mucha solera, en un edificio construido en 1760, declarado Patrimonio Histórico-Artístico, convertido en hotel en 1885.

EL MÉDANO

Un par de hoteles de gama media frecuentados por surfistas.

Hotel Médano***

- ✉ Paseo Picacho, 2.
- ☎ 922 177 000.
- 🖥 www.medano.es
- 🛏 Habitación doble: desde 95 €.

Con vistas al mar y la Montaña Roja.

Hotel Playa Sur Tenerife***

- ✉ Playa del Médano.
- ☎ 922 176 120.
- 🖥 www.hotelplayasur.es
- 🛏 Habitación doble: desde 85 €.

Edificio diseñado por César Manrique. Dentro del parque natural.

LA OROTAVA

En la capital del municipio hay pocas opciones de hospedaje.

Parador Las Cañadas del Teide

- ✉ Las Cañadas del Teide. Parque Nacional del Teide.
- ☎ 922 386 415.
- 🖥 https://paradores.es
- 🛏 Habitación doble: desde 95 €.

Construcción de estilo canario en un enclave espectacular, a más de dos mil metros sobre el nivel del mar en un cráter natural. Impresionantes vistas del cono del Teide, la caldera de Chahorra y la Montaña Blanca.

Hotel Rural Victoria

- ✉ Hermano Apolinar, 8.
- ☎ 922 331 683.
- 🖥 www.hotelrural victoria.com
- 🛏 Habitación doble: desde 87 €.

Precioso hotel rural, decorado con maderas nobles, con todas las comodidades. Vistas al casco antiguo de La Orotava.

Pensión Silene Orotava**

- ✉ Tomás Zerolo, 9.
- ☎ 922 330 199.
- 🖥 www.hotelsilene orotava.com
- 🛏 Habitación doble: 48 €.

Edificio del siglo XIX en el centro histórico, habitaciones con terrazas y vistas al mar.

PLAYA DE LAS AMÉRICAS

Una de las zonas más turísticas de la isla con la consiguiente abundancia de oferta hotelera, en especial de alta gama.

Hotel Sir Anthony*****

- ✉ Avda. de las Américas, s/n.
- ☎ 922 757 545.
- 🖥 https://siranthony hotel.com
- 🛏 Habitación doble: desde 300 €.

Lujoso y confortable. Algunas habitaciones disponen de piscina privada.

Hotel Europe Villa Cortés*****

- ✉ Avda. Rafael Puig Lluvina, 38.
- ☎ 922 757 700.
- 🌐 www.europe-hotels.org
- 🛏 Habitación doble: desde 205 €.

Hotel exclusivo, de lujo. Arquitectura de inspiración colonial mexicana. Cuenta con un magnífico spa, restaurantes gourmet y temáticos.

Hotel Best Tenerife****

- ✉ Antonio Domínguez Alfonso, 6.
- ☎ 922 792 751.
- 🌐 www.besthotels.es
- 🛏 Habitación doble: desde 140 €.

A 300 m de la playa. Con frondosos jardines.

Hotel H10 Conquistador****

- ✉ Avda. Rafael Puig Lluvina, 36.
- ☎ 922 753 000.
- 🌐 www.h10hotels.com
- 🛏 Habitación doble: desde 185 €.

Acceso directo al paseo marítimo y varias piscinas.

Hotel H10 Las Palmeras****

- ✉ Avda. Rafael Puig, 28.
- ☎ 922 790 991.
- 🌐 www.hotelh10laspalmeras.com
- 🛏 Habitación doble: desde 110 €.

Cerca de las principales playas y con acceso directo a la avenida marítima. Rodeado de jardines subtropicales.

Alexandre Hotel La Siesta****

- ✉ Avda. Rafael Puig Lluvina, 21.
- ☎ 922 792 300.
- 🌐 www.alexandrehotels.com
- 🛏 Habitación doble: desde 120 €.

Cerca del mar. Todos los servicios.

Hotel Sol Tenerife****

- ✉ Avda. Rafael Puig Lluvina, 12.
- ☎ 922 791 062.
- 🌐 www.melia.com
- 🛏 Habitación doble: desde 130 €.

En una privilegiada primera línea de playa, con vistas al mar y varias piscinas, una climatizada.

Spring Hotel Bitácora****

- ✉ California, 1.
- ☎ 922 791 540.
- 🌐 www.springhoteles.com
- 🛏 Habitación doble: desde 123 €.

Moderno edificio de terrazas escalonadas. Habitaciones amplias y bien equipadas. Piscina infinity y jacuzzi en la azotea.

Hotel Oro Negro Catalonia***

- ✉ Avda. Arquitecto Gómez Cuesta, 14.
- ☎ 922 790 612.
- 🌐 www.cataloniahotels.com
- 🛏 Habitación doble: desde 90 €.

A 800 m de la playa y frente a un campo de golf.

PUERTO DE LA CRUZ

Profusión de hoteles, entre los que abundan los de gama alta.

Hotel Botánico & The Oriental Spa Garden*****

- ✉ Avda. de Richard Yeoward, 1.
- ☎ 922 381 400.
- 🌐 www.hotelbotanico.com
- 🛏 Habitación doble: desde 210 €.

Cerca del Jardín Botánico. Famoso por su magnífico spa The Oriental Spa Garden. Erigido en 1974, aunque renovado completamente. Decoración suntuosa con toques orientales. Cuenta con cuatro restaurantes.

Hotel Best Semíramis*****

- ✉ Leopoldo Cologan Zulueta, 12.
- ☎ 922 373 200.
- 🌐 www.besthotels.es
- 🛏 Habitación doble: desde 80 €.

Con vistas al mar y al lago Martiánez. Agradable y perfectamente equipado.

Hotel Sunlight Bahía Príncipe San Felipe****

- ✉ Avda. de Cristóbal Colón, 22.
- ☎ 922 383 311.
- 🌐 www.bahia-principe.com
- 🛏 Habitación doble: desde 99 €.

Frente a la playa. En pleno centro, al lado del lago Martiánez. Tranquilo.

Hotel Sol Costa Atlantis Tenerife****

- ✉ Avda. Venezuela, 15.
- ☎ 922 374 545.
- 🌐 www.melia.com
- 🛏 Habitación doble: desde 110 €.

Céntrico y con bellas vistas al mar.

Hotel Catalonia Las Vegas****

- ✉ Avda. de Colón, 2.
- ☎ 922 383 900.
- 🖥 www.cataloniahotels. com
- 🛏 Habitación doble: desde 75 €.

Hotel céntrico, muy confortable y perfectamente equipado. En primera línea, junto al lago Martiánez.

AluaSoul Orotava Valley****

- ✉ Manuel Yanes Barreto, 13 (Urb. Playa Jardín).
- ☎ 922 371 308.
- 🖥 www.hyattinclusive collection.com
- 🛏 Habitación doble: 85 €.

Piscina, zona deportiva, tenis, pádel, gimnasio…

Hotel Riu Garoé****

- ✉ Doctor Celestino González, 3 (La Paz).
- ☎ 922 382 988.
- 🖥 www.hotelgaroe.com
- 🛏 Habitación doble: desde 121 €.

Calidad de servicio. *Squash,* minigolf…

Hotel H10 Tenerife Playa****

- ✉ Avda. de Cristóbal Colón, 12.
- ☎ 922 383 211.
- 🖥 www.h10hotels.com
- 🛏 Habitación doble: desde 90 €.

Frente al lago Martiánez, en primera línea.

Hotel Fergus Puerto de la Cruz****

- ✉ Avda. Marqués Villanueva del Prado, s/n. Ctra. del Botánico.
- ☎ 922 384 011.
- 🖥 www.fergushotels. com

- 🛏 Habitación doble: desde 80 €.

Céntrico y con vistas al mar y la montaña.

Hotel Tigaiga****

- ✉ Parque Taoro, 28.
- ☎ 922 383 500.
- 🖥 https://tigaiga.com
- 🛏 Habitación doble: desde 180 €.

En una zona tranquila, en el parque Taoro, con vitas al valle de la Orotava.

Hotel Vallemar****

- ✉ Avda. de Cristóbal Colón, 4
- ☎ 922 384 800.
- 🖥 www.hotelvallemar. com
- 🛏 Habitación doble: desde 95 €.

Buen emplazamiento, frente al lago Martiánez. Servicios completos. Piscina.

Hotel Monopol***

- ✉ Quintana, 15.
- ☎ 922 384 611.
- 🖥 https://monopoltf. com
- 🛏 Habitación doble: desde 54 €.

En pleno centro. Edificio típico canario con balconadas de madera. Patio interior. Piscina climatizada al aire libre, sauna y jacuzzi.

Hotel San Borondón***

- ✉ Agustín Espinosa, 2.
- ☎ 922 383 313.
- 🖥 www.hotelsan borondon.com
- 🛏 Habitación doble: desde 80 €.

Sauna, jacuzzi, gimnasio, a 2 minutos de la plaza del Charco. Piscina de agua salada.

PUERTO DE SANTIAGO

Hotel Tui Blue Los Gigantes****

- ✉ Flor de Pascua, 8.
- ☎ 922 861 020.
- 🖥 www.stilhotels.com
- 🛏 Habitación doble: desde 130 €.

Situado junto a la playa y los acantilados de los Gigantes.

REALEJO ALTO

Hotel Panorámica Garden***

- ✉ La Longuera, s/n.
- ☎ 922 364 111.
- 🖥 www.panoramica garden.es
- 🛏 Habitación doble: desde 50 €.

Emplazado en una zona tranquila y con vistas al mar y la montaña.

SAN MIGUEL DE ABONA

Barceló Tenerife*****

- ✉ Avda. de Greñamora, 1. Urb. San Blas. Golf del Sur.
- ☎ 922 749 010.
- 🖥 www.barcelo.com
- 🛏 Habitación doble: desde 160 €.

Con un lago artificial de 1500 m^2. Turismo ecológico, 44 200 m^2 en una reserva ambiental.

Ocho piscinas, seis de agua de mar. Incluye pared de escalada, una *boutique spa* y un museo sobre la formación de Tenerife y el uso de los recursos naturales.

Información práctica

CALENDARIO DE FIESTAS

El calendario festivo tinerfeño incorpora el santoral católico y las tradiciones guanches, lo que deviene en un impresionante mestizaje de músicas, bailes, devociones y creencias. Aquí recogemos algunas de las fiestas y romerías más destacadas pero cada barrio y cada localidad tienen las suyas.

❚ Enero

Cabalgata de Reyes. En **Garachico,** es una de las más antiguas de Canarias, con grandes dosis de espectacularidad y colorido, enmarcado en un precioso escenario natural.

San Sebastián. En **Adeje,** el día 20. Visita al Santo, al cual le llevan ofrendas de productos agrícolas y animales para su bendición.

San Antonio Abad. En **Arona,** el tercer domingo de enero. Se conmemora con una romería, y luego se llevan al santo los animales domésticos para que este los bendiga.

❚ Febrero, marzo

Carnaval. En **Santa Cruz de Tenerife.** Está declarado de Interés Turístico Internacional y se celebra desde el último sábado de enero (pregón) hasta el primer domingo de marzo, Domingo de Piñata, ambos inclusive. Los tinerfeños preparan durante varios meses carrozas, ensayan los cantos, componen parodias relativas a la actualidad política y a los famosos. En la cabalgata anunciadora participan todas las agrupaciones: comparsas estilo brasileño, murgas de adultos y niños, rondallas, coros y miles de personas disfrazadas por las calles. La Reina del Carnaval es elegida entre las jóvenes más bellas, realzada por los fantásticos vestidos diseñados expresamente para esos días. La apoteosis tiene lugar el martes de Carnaval, con un coso en el que se reúne todo el mundo. El Carnaval es una fiesta que se celebra en todos los pueblos de Tenerife, es importante el del **Puerto de la Cruz,** declarado igualmente de Interés Turístico Internacional.

❚ Mayo

Romería de San Isidro Labrador. En **Los Realejos.** Fiesta declarada de Interés Turístico, se celebra el día 15 de mayo. Multitud de campesinos asisten a esta romería con sus trajes típicos; también participan miles de personas ataviadas a la usanza tradicional. Una semana después tiene lugar el **Baile de Magos,** amenizado por orquestas y parrandas.

Junio

Romería de Abona. En Granadilla de Abona. Suele celebrarse el domingo más cercano al día 13, con una misa canaria y luego un desfile, en el que participan magos, carrozas y grupos folclóricos.

Octava del Corpus (Día de las Alfombras) y Romería de San Isidro (el domingo siguiente). En **La Orotava.** Fiestas declaradas de Interés Turístico, durante la madrugada del jueves se extienden alfombras de flores por las calles de La Orotava. Las primeras se remontan al año 1857 y recogen la costumbre de numerosos lugares de alfombrar con flores, plantas aromáticas o sal el suelo por donde pasan los desfiles que desde el siglo xiv exaltan en nuestro país a la Eucaristía con la fiesta del Corpus Christi.

San Isidro y Santa María de la Cabeza. La víspera del domingo de romería, en La Orotava también se celebra la procesión de los santos patronos, con bendición del ganado. El domingo tiene lugar la romería de San Isidro, bellísimo desfile de carrozas, parrandas y grupos de personas ataviadas con trajes típicos. En **La Laguna,** alfombras de flores cubren el recorrido de la procesión.

Hogueras y Hachitos. En **Icod de los Vinos,** el día 23. Son célebres los arcos engalanados que se portan en procesión, junto con los hachitos (antorchas con madera de tea), durante la noche de San Juan.

Julio

Fiestas de la Virgen del Carmen. En **Santiago del Teide,** en torno al día 16. Se caracteriza por la procesión marinera que se convierte en un acto de gran solemnidad y que finaliza con fuegos artificiales.

Procesión marítima. En el **Puerto de la Cruz,** el martes de fiesta, siempre en torno al día 16, los hombres del mar toman a su Virgen, llevándola en procesión desde la iglesia hasta el puerto. Se celebra una muestra de artesanía, actuaciones folclóricas y lucha canaria.

Santa Ana. En **Candelaria,** el día 26, pero si cae en domingo se pasa al día siguiente. Procesión por el barrio de Santa Ana, que se celebra junto a la Virgen del Carmen.

Agosto

Fiestas de la Virgen de las Nieves. En **Icod de los Vinos,** el día 5. Todo el pueblo participa en el

TRANSPORTES

Aéreos

Aeropuertos
Aena
☎ 913 211 000.
🖰 www.aena.es
Tenerife Norte
✉ Los Rodeos. A 12 km de Santa Cruz.
Tenerife Sur
✉ Reina Sofía. En Granadilla de Abona, a 68 km de Santa Cruz.

Compañías aéreas
Iberia
☎ 913 336 701.
🖰 www.iberia.com
Binter Canarias
☎ 928 327 746.
🖰 www.binter canarias.com

Marítimos

La compañía **Armas Trasmediterránea** (https://armastrasmediterranea.com) conecta la península y las islas Canarias desde Cádiz: Cádiz-Arrecife, vía Santa Cruz de Tenerife, Las Palmas de Gran Canaria y Puerto del Rosario.
Arrecife-Cádiz, vía Puerto Rosario, Las Palmas de Gran Canaria y Santa Cruz.

Comunicaciones interinsulares
Armas Trasmediterránea (https://armastrasmediterranea.com) presta servicio de ferry entre Tenerife y Arrecife de Lanzarote, Puerto del Rosario (Fuerteven-

tura), Santa Cruz de La Palma y Las Palmas de Gran Canaria.

La compañía naviera **Fred Olsen** (www. fredolsen.es) conecta el puerto de Los Cristianos con la isla de La Gomera en ferry (San Sebastián, Playa Santiago y Valle Gran Rey). Además tiene líneas con el resto de las islas y con Huelva.

Guaguas

Estación de Guaguas de Santa Cruz de Tenerife. TITSA
☎ 922 531 300.
🖰 www.titsa.com
Empresa de autobuses interurbanos en Tenerife. La red de *guaguas* (autobuses) de Tenerife llega a todos los rincones de la Isla. Está compuesta por una flota de modernos vehículos de color verde. Puede optarse por abonar cada viaje al subir a la guagua o adquirir un bonobús. Ambos sirven para todas las líneas, pueden ser compartidos por varias personas y suponen un ahorro de aproximadamente el 35% del precio del billete.

Tranvía

Metropolitano de Tenerife (MTSA)
☎ 922 099 119.
🖰 https://metro tenerife.com

tradicional baile de tajaraste y la Romería del Poleo, en el barrio de Amparo, delante de la ermita del mismo nombre.

Fiestas de la Virgen de la Asunción
En **Candelaria,** el día 14. Se celebra en la plaza de la Basílica la ceremonia de los guanches, en la que se evoca el hallazgo, a finales del siglo XIV, de una imagen de la Virgen.

Fiestas de San Roque
En **Garachico,** el día 16. Declarada de Interés Turístico, la fiesta se remonta a un voto de la villa hecho al santo por su intercesión en una epidemia de peste, a comienzos del siglo XVII. El día 15, Virgen de Candelaria, se conmemora con coloridos fuegos artificiales y verbenas. El día 16, después de la misa matinal, se lleva al santo hasta la parroquia de Santa Ana, donde se hacen ofrendas de productos del campo, interviniendo grupos folclóricos.

Fiestas Patronales
En **Fasnia** las fiestas patronales en honor a **San Joaquín** se inician a finales de julio y abarcan las tres primeras semanas de agosto. Se organizan funciones de teatro y numerosos eventos deportivos, folclóricos, artísticos, musicales, certamen de bandas de música, etc.

El Haragán
En **Bajamar** (Santa Cruz de Tenerife), en torno al día 20. El Haragán es un pelele que todos los años se quema y que simboliza la falta de actividad.

Romería en honor de Nuestra Señora de la Candelaria. En **Candelaria,** el día 15. Acuden al pueblo personas procedentes de todas partes del archipiélago para cumplir las promesas efectuadas a la Virgen a lo largo del año. Se rememora la aparición de la Virgen a los guanches en el siglo XIV.

Romería de San Agustín
En **Arafo,** el último sábado del mes. Fiesta declarada de Interés Turístico, carretas con frutas y agrupaciones folclóricas desfilan por la villa y el Santo se baja desde la capilla de La Cruz a la parroquia de San Juan Degollado.

Los corazones de Tejina. En **La Laguna,** la última semana de agosto, en las fiestas patronales de San Bartolomé. Se fabrican corazones sobre armazones de madera y hierro con flores, frutos y ramas. Fiesta religiosa pero de calado popular con más de 100 años de antigüedad.

Septiembre

Nuestra Señora de Abona. En **Arico,** el día 8. Se conmemora el día de la aparición de la Virgen, patrona de la comarca. Cada cinco años se celebra la bajada de su imagen a la playa de Punta Abona, en procesión y en romería con carrozas.

Procesión del Santísimo Cristo de los Dolores

En **Tacoronte,** recorre las calles de la villa la víspera y el tercer domingo de septiembre, así como el sábado y domingo siguientes.

Fiestas del Santísimo Cristo de la Salud

En **Arona,** se celebran del 23 de septiembre al 3 de octubre. Es una fiesta eminentemente religiosa, con diversos actos culturales y deportivos.

Octubre

Fiestas en honor de Santa Úrsula y la Virgen de la Encarnación

En **Adeje,** del 23 de septiembre al 12 de octubre se celebran las fiestas de Santa Úrsula, la patrona titular, y las de la Virgen de la Encarnación.

Las Libreas de Valle Guerra

Se celebra en **La Laguna** desde hace más de 400 años el sábado más próximo al día del Rosario, que es el 7 de octubre. Representa la batalla de Lepanto, con el desfile de los barcos de la Virgen y los participantes vestidos de milicianos de la época.

Noviembre

Fiestas de San Andrés

El día 30, festividad que se celebra en varios pueblos. Es el día de Correr de los Cacharros, que consiste en hacer una cola de cualquier cosa que pueda hacer el mayor ruido posible y arrastrarla por las calles. Los más renombrados se celebran en Icod de los Vinos y Puerto de la Cruz.

Se celebra también la **llegada del vino nuevo.** En **La Guancha,** es una tradición muy antigua, jóvenes y menos jóvenes se lanzan sobre las tablas de tea (pino canario), a gran velocidad por las calles más pendientes del pueblo.

También se estrena el vino nuevo que se degusta con castañas asadas. La castaña es también la protagonista de las fiestas de San Andrés en **La Matanza de Acentejo.**

En **Icod de los Vinos,** el vino nuevo es el protagonista de la fiesta de las Tablas. El vino se inaugura en las bodegas, repartiéndose entre los vecinos para que lo caten y den su aprobación.

En **Garachico,** segunda quincena. El descenso de las tablas coincide con la apertura de las bodegas, que se celebra con fuegos artificiales en La Caleta de Interián. Y a las cuatro de la madrugada los vecinos realizan la Cacharrada.

Hay dos líneas: la línea 1 Santa Cruz-La Laguna, con 21 paradas y una duración aproximada de 40 minutos todo el recorrido, y la línea 2 que une La Cuesta y Tíncer.

Alquiler de coches

Autoreisen
☎ 922 260 200.
🖥 www.autoreisen. com

Autos Plaza
☎ 922 383 433.
🖥 www.tenerifentacar.com

CICAR
Canary Islands Car
✉ 900 100 223.
🖥 www.cicar.com

Jocar
☎ 922 245 222.
🖥 www.autosjocar. com

Volcanic Rent a Car
☎ 922 794 757.
🖥 www.volcanicrentacar.com

OFICINAS DE TURISMO

Santa Cruz de Tenerife
- ✉ Palacio de Carta.
  Plaza de la Candelaria, 9.
- ☎ 615 153 351.
- 🖥 www.elcorazondetenerife.com
- 🖥 www.webtenerife.com

Kiosco de Información
- ✉ Zona alta del edificio Puerto Ciudad (entrada estación marítima).
- ☎ 922 892 903.
- ☎ Solo días de crucero, de 9 h a 11 h.

Aeropuerto Tenerife Norte
- ✉ Zona de recogida equipajes.
  Los Rodeos.
- ☎ 922 255 433.

Aeropuerto Tenerife Sur
- ☎ 922 392 037

Buenavista del Norte
- ✉ Casa Matula. Pza. los Remedios, 4.
- ☎ 922 128 080.
- 🖥 https://buenavistadelnorte.travel

Candelaria
- ✉ Avda. de la Constitución, 7.
- ☎ 922 032 230.
- 🖥 www.candelaria.es

Costa Adeje-Playa Fañabé
- ✉ Avda. Litoral, s/n.
- ☎ 922 716 539.
- 🖥 https://arona.travel/es-es

Costa Adeje-Troya
- ✉ Avda. Rafael Puig Lluvina, 1.
- ☎ 922 750 633.
- 🖥 https://arona.travel/es-es

Los Cristianos (Arona)
- ✉ Pza. del Pescador (Centro Cultural Los Cristianos).
- ☎ 922 757 130.
- 🖥 https://arona.travel/es-es

Garachico
- ✉ Avda. República de Venezuela, s/n.
- ☎ 922 133 461.
- 🖥 http://turismo.garachico.es

Granadilla de Abona
- ✉ Plaza de los Príncipes de España.
  El Médano.
- ☎ 922 176 002.
- 🖥 www.granadilladeabona.org

Guía de Isora
- ✉ Centro Cultural. Avda. Isora, s/n.
- ✉ 922 851 222.
- 🖥 https://visitguiadeisora.es

Güímar
- ✉ Avda. Obispo Pérez Cáceres, 18.
- ☎ 922 511 590.

La Laguna
- ✉ Casa Alvarado Bracamonte. Calle La Carrera u Obispo Rey Redondo, 7.
- ☎ 922 631 194.
- 🖥 https://turismo.aytolalaguna.es
- 🖥 www.webtenerife.com

Masca. Centro de Visitantes
- ✉ El Lomito, 4. Masca.
- ☎ 822 143 890.
- 🖥 www.caminobarrancodemasca.com

La Orotava
- ✉ Carrera Escultor Estévez, 5.
- ☎ 922 323 041.
- 🖥 www.laorotava.es

Playa de las Américas (Arona)
- ✉ Pza. del City Center.
  Avda. Rafael Puig, 19.
- ☎ 922 797 668.
- 🖥 https://costa-adeje.es

Playa de las Galletas
- ✉ Rambla Dionisio González, 1.
- ☎ 922 730 133.
- 🖥 https://arona.travel/es-es

Playa de Las Vistas
✉ Paseo Playa
de las Vistas, 1.
☎ 922 787 011.
🌐 https://arona.travel/es-es

Playa San Juan
✉ Avda. Juan Carlos I, s/n.
☎ 922 138 987.
🌐 https://visitguiadeisora.es/

Puerto de la Cruz
Oficina del Cabildo
(La Casa de la Aduana)
✉ Las Lonjas, s/n.
☎ 922 386 000.
🌐 http://visitpuertodelacruz.es
Centro de Iniciativas
y Turismo
✉ Puerto Viejo, 13
☎ 922 388 777.
🌐 https://citpuertodelacruz.com

Puerto Santiago
✉ C.C. "Seguro de Sol".
Avda. Marítima, Local 34.
Playa de la Arena.
☎ 922 860 348.

Los Realejos
✉ Plaza de la Unión, s/n.
☎ 922 346 181.
🌐 http://losrealejos.es

Santiago del Teide
✉ Avda. de la Iglesia, 64.
☎ 922 839 220.
🌐 https://visitsantiagodelteide.
com

San Miguel de Abona
✉ Ctra. a los Abrigos, 16.
☎ 922 167 791/ 700 596.
🌐 www.sanmigueldeabona.es

Los Silos
✉ Pza. de Nuestra Señora
de La Luz, 9.
☎ 922 841 086.
🌐 www.lossilos.es

Tacoronte
✉ La Estación.
Ctra. Gral. Tacoronte-Tejina.
☎ 922 570 015.
🌐 www.tacoronte.es

Tegueste
✉ Plaza de San Marcos, 1.
☎ 922 316 102.
🌐 www.tegueste.es

Vilaflor
✉ Plaza Obispo
Pérez Cáceres, 1.
☎ 922 709 002.
🌐 https://vilaflorde
chasna.es

TENERIFE EN INTERNET

I Institucional

www.tenerife.es
Página del Cabildo de Tenerife.

I Carnaval

http://carnavaldetenerife.com
Página sobre los famosos Carnavales
de Santa Cruz de Tenerife.

I Turismo

www.webtenerife.com
Especializada en turismo de Tenerife.
La más completa información turística
de la isla.

I Compras

www.productosdetenerife.com
Productos de Tenerife. Vino, queso,
dulces típicos, miel y gofio de Tenerife.

I Ocio

www.tenerifeocio.com
Dedicada a actividades de ocio en Tenerife: conciertos, cine, discotecas…

Índice de lugares